RACINE
Texte intégral

Iphigénie

Ouvrage publié sous la direction de
Bernard CHÉDOZEAU

Édition présentée par
Nicolas BRUCKER
Agrégé de Lettres modernes

CLASSIQUES BORDAS

HENRI IV	LOUIS XIII	MAZARIN	LOUIS XIV
1610	1643	1661	1[...]

1606 **CORNEILLE** 1684

1621 **LA FONTAINE** 1695

1622 **MOLIÈRE** 1673

1623 **PASCAL** 1662

1636 **BOILEAU** 1711

1639 **RACINE** 1699

1645 **LA BRUYÈRE** 1696

Œuvres de Racine

1664 *La Thébaïde*★
1665 *Alexandre le Grand*
1667 *Andromaque*★
1668 *Les Plaideurs* ●
1669 *Britannicus*
1670 *Bérénice*
1672 *Bajazet*

1673 *Mithridate*
1674 *Iphigénie*★
1677 *Phèdre*★
1689 *Esther*
1691 *Athalie*

★ Tragédies tirées de la mythologie grecque
● Comédie

© Bordas, Paris, 1996
ISBN 2-04-028311-0

Sommaire

Portrait de Jean Racine.

Iphigénie

Lire *Iphigénie*, c'est pénétrer dans l'univers des légendes de la Grèce archaïque, celle de la guerre de Troie et de la famille des Atrides, marquées par le tragique ; dans un monde où les hommes offrent des sacrifices pour se ménager la bienveillance des dieux ; dans une société où les oracles ont force de loi et où une fille se soumet aveuglément aux ordres de son père. Mais lire *Iphigénie*, c'est aussi assister au drame éternel du puissant qui, par intérêt, faiblesse ou préjugé, est prêt à sacrifier un innocent parce qu'un courtisan rusé a fait sonner à ses oreilles les mots d'honneur, de gloire, d'immortalité.

L'actualité du mythe n'a pas échappé aux contemporains de Racine : « *Mes spectateurs ont été émus des mêmes choses qui ont mis autrefois en larmes le plus savant peuple de la Grèce* » (préface). Les soupirs du roi Agamemnon, la résignation de sa fille Iphigénie, la jalousie et le châtiment tragique d'Ériphile ont assuré à la pièce un immense succès. Aussi Racine est-il en 1675 au faîte de sa gloire ; Molière mort et Corneille sur son déclin, il reste seul maître de la scène.

Autres temps, autres mœurs. *Iphigénie* ne suscite plus aujourd'hui la même émotion. On reste sensible à sa dimension religieuse, à son ton pathétique, à la calme régularité de l'alexandrin classique, si propre à rendre la violence des passions, ou à l'impeccable architecture de la pièce, toute d'équilibres et de ruptures. Mais Ériphile éclipse Iphigénie, sa « *sœur* » trop « *aimable* » (v. 409-411), et flatte notre goût pour le monstrueux et le cruel. Nous voyons en elle une préfiguration de la Phèdre que Racine mettra en scène peu après, en 1677. Au théâtre des larmes nous préférons désormais le théâtre du sang ; et c'est la richesse d'*Iphigénie* d'offrir l'une et l'autre lecture.

Une formation janséniste

Jean Racine naît en **décembre 1639** à La Ferté-Milon, d'une famille de la moyenne bourgeoisie. Il perd ses parents à l'âge de trois ans et est alors confié à sa grand-mère, Marie Desmoulins ; celle-ci, retirée à l'abbaye de **Port-Royal des Champs** en 1649, fait admettre son petit-fils comme élève des *Petites Écoles*. Il reçoit pendant sept ans l'enseignement des *Messieurs*, les célèbres maîtres de Port-Royal. Il acquiert une solide culture grecque et latine, qu'il complète à Paris dans les collèges de Beauvais et d'Harcourt.

En 1661, alors que Racine manifeste déjà ses premières ambitions littéraires, des difficultés financières l'obligent à renoncer momentanément à sa vie mondaine : il se rend à Uzès chez son oncle, le chanoine Antoine Sconin, dans l'espoir d'obtenir un bénéfice ecclésiastique[1]. Mais c'est sans résultat qu'il rentre à Paris en 1663.

Les débuts au théâtre

Racine loge à l'hôtel de Luynes, chez son cousin Nicolas Vitart. À la suite d'une ode écrite en l'honneur de Louis XIV, il obtient du roi une gratification ; en 1664, il est inscrit sur la liste des écrivains pensionnés par le pouvoir, et gagne la protection du duc de Saint-Aignan, personnage influent à la cour. Encouragé par son cousin, il commence une pièce et fréquente des comédiens, ce qui lui vaut les mises en garde de Port-Royal. *La Thébaïde*, jouée par la troupe de Molière en 1664, ne connaît qu'un succès médiocre. C'est *Alexandre* (1665), hommage indirect au jeune monarque, qui assure à Racine la célébrité. Mais la pièce est l'occasion d'une brouille avec Molière : Racine fera

---

1 *Bénéfice ecclésiastique* : revenu attaché à certaines fonctions ecclésiastiques.

désormais jouer ses pièces par les comédiens de l'Hôtel de Bourgogne. À la suite d'une querelle qui l'oppose à Pierre Nicole[1], il rompt avec ses amis de Port-Royal.

La consécration

De 1667 à 1677, Racine donne sept grandes tragédies. Il jouit d'une immense faveur à la cour, et ses revenus ne cessent d'augmenter.

Andromaque, jouée en 1667, remporte un franc succès. Racine s'impose alors comme poète dramatique et peintre de l'amour vécu comme une passion fatale contre laquelle l'homme ne peut rien sans la grâce. La pièce inaugure un système de tragédie dont les auteurs grecs, Sophocle et Euripide, sont les inspirateurs. Il faut « *une action simple, chargée de peu de matière, telle que doit être une action qui se passe en un seul jour, et qui s'avançant par degrés vers sa fin, n'est soutenue que par les intérêts, les sentiments et les passions des personnages* » (première préface de *Britannicus*).

Dans *Les Plaideurs* (1668), son unique comédie, Racine se mesure à Molière. Dans *Britannicus* (1669) et *Bérénice* (1670), dont les sujets sont historiques, il cherche à surpasser Corneille. Le succès de *Bajazet* (1672), puis de *Mithridate* (1673), confirme la **consécration littéraire** de Racine, que vient doubler en janvier 1673 la consécration mondaine de son élection à l'Académie française. En 1676, il fait paraître une première édition de ses *Œuvres*.

La création d'*Iphigénie*

Iphigénie est créée le **18 août 1674**, dans le cadre des divertissements donnés à Versailles pour célébrer la conquête de la Franche-Comté. La Champmeslé, créatrice des grands rôles de Racine, y joue le rôle d'Iphigénie. Racine revient à la tragédie

---

1 *Pierre Nicole* (1625-1695) : moraliste proche des Messieurs de Port-Royal.

mythologique mais dans un style pathétique et grandiose. La pièce, jouée en janvier 1675 à Paris, y remporte un **immense succès**. L'*Iphigénie* rivale de Coras et Leclerc, donnée en mai 1675 par la troupe de Molière, disparaît de la scène après cinq représentations.

La renonciation au théâtre et la reconnaissance finale

Phèdre, créée en janvier 1677, est victime d'une cabale[1] : la pièce tombe. Après cet échec, Racine renonce au théâtre et se rapproche de Port-Royal. En mai 1677, il épouse Catherine de Romanet, qui lui donnera sept enfants ; en octobre, il est nommé avec son ami Boileau **historiographe du roi**[2]. Il célébrera désormais la politique royale, en suivant notamment les armées en campagne (1678) ou en faisant l'éloge des victoires militaires. Par une faveur royale insigne, il devient en 1690 « gentilhomme ordinaire de la Chambre du roi ». Ses fonctions le placent dans l'intimité du prince.

Pour répondre au vœu de Madame de Maintenon, qui lui demande d'écrire pour les jeunes filles de la maison d'éducation de Saint-Cyr quelques scènes sur un sujet religieux, il écrit *Esther* en 1689, puis *Athalie* en 1691. S'y manifeste la ferveur du poète revenu à Dieu. Il meurt le **21 avril 1699**, et est inhumé à Port-Royal des Champs.

---

1 *Cabale* : manœuvre visant en général à provoquer l'échec d'une pièce.
2 L'*historiographe* écrit l'histoire d'un monarque ou d'un règne.

Le père et la fille

1 Nelly Borgeaud (IPHIGÉNIE) et Paul Ecoffard (AGAMEMNON) dans la mise en scène du théâtre de l'Athénée, 1962.

☞ p. 138 : « Le texte et ses images »
pour l'exploitation des photographies de ce dossier.

▲
2 Michel Favory (**A**GAMEMNON) et Jean-François Rémy (**A**RCAS) dans la mise en scène de Yannis Kokkos, Comédie-Française, 1991.

◄
3 Valérie Dréville (**I**PHIGÉNIE) et Sylvie Bergé (**É**RIPHILE) dans la mise en scène de Yannis Kokkos, Comédie-Française, 1991.

4 Illustration d'*Iphigénie*. Dessin d'Alexandre Joseph Desenne (1785-1827) gravé par Girardet.

Le jeu des regards

Les fureurs

5 Silvia Monfort (CLYTEMNESTRE) dans sa mise en scène, Carré Silvia Monfort, 1987.

6 ACHILLE représenté sur la fresque *Briséis quitte la tente d'Achille*, Ier s. av. J.-C., Pompei, Maison du poète tragique. (Naples, Musée national.)

7 Sylvie Bergé (ÉRIPHILE) dans la mise en scène de Yannis Kokkos, Comédie-Française, 1991.

Illustration de Jean Massard (1740-1822) pour *Iphigénie*. (Bibliothèque de l'Arsenal, fonds Rondel.)

La cérémonie du sacrifice

9

 *Le sacrifice d'Iphigénie*, tableau de Charles de Lafosse, 1680. (Versailles, salon de Diane.)

10 Valérie Dréville (IPHIGÉNIE) dans la mise en scène de Yannis Kokkos, Comédie-Française, 1991.

IPHIGÉNIE

❧

Tragédie
représentée pour la première fois
à Versailles
le 18ᵉ du mois d'août 1674
par les comédiens du Roi

DISTRIBUTION

" Grands dieux ! me deviez-vous
laisser un cœur de père ? "
(v. 1318)

" Songez-y. Vous devez
votre fille à la Grèce. "
(v. 285)

AGAMEMNON

ULYSSE

" Je suis et je serai
la seule infortunée. "
(v. 1122)

" Un oracle toujours
se plaît à se cacher. "
(v. 432)

DORIS

ÉRIPHILE

" Oui, vous êtes le sang
d'Atrée et de Thyeste. "
(v. 1246)

CLYTEMNESTRE

" Autant que je l'ai pu
j'ai gardé son secret. "
(v. 904)

ARCAS

" Et voilà donc l'hymen
où j'étais destinée ! "
(v. 925)

IPHIGÉNIE

" Ma gloire, mon amour,
vous ordonnent de vivre. "
(v. 1569)

ACHILLE

Préface

Il n'y a rien de plus célèbre dans les poètes[1] que le sacrifice d'Iphigénie. Mais ils ne s'accordent pas tous ensemble sur les plus importantes particularités de ce sacrifice. Les uns, comme Eschyle[2] dans *Agamemnon*, Sophocle dans *Électra*, et après eux
5 Lucrèce[3], Horace[4] et beaucoup d'autres veulent qu'on ait en effet répandu le sang d'Iphigénie, fille d'Agamemnon, et qu'elle soit morte en Aulide[5]. Il ne faut que lire Lucrèce, au commencement de son premier livre :

Aulide quo pacto Triviai virginis aram
10 *Iphianassai turparunt sanguine fœde*
Ductores Danaum, etc.[6]

Et Clytemnestre dit dans Eschyle qu'Agamemnon son mari, qui vient d'expirer, rencontrera dans les enfers Iphigénie sa fille qu'il a autrefois immolée.
15 D'autres ont feint[7] que Diane ayant eu pitié de cette jeune princesse, l'avait enlevée et portée dans la Tauride[8], au moment qu'on l'allait sacrifier, et que la déesse avait fait trouver en sa place ou une biche, ou une autre victime de cette nature. Euripide a suivi cette fable, et Ovide l'a mise au nombre des *Méta-*
20 *morphoses*[9].

---

1 *Dans les poètes* : dans la poésie.
2 *Eschyle* : l'un des trois grands auteurs tragiques grecs (525-455 av. J.-C.), avec Sophocle (496-406 av. J.-C.) et Euripide (480-406 av. J.-C.).
3 *Lucrèce* : poète latin du Iᵉʳ s. av. J.-C., auteur du *De natura rerum*.
4 *Horace* : autre poète latin du Iᵉʳ s. av. J.-C., auteur des *Satires*.
5 *En Aulide* : à Aulis. ☞ carte p. 146.
6 *Ainsi à Aulis les chefs des Grecs souillèrent honteusement l'autel de la vierge Trivie du sang d'Iphianassa (Iphigénie).* (Lucrèce, *De natura rerum*, I, v. 84-86.)
7 *Ont feint* : ont imaginé.
8 *Tauride* : la Crimée actuelle.
9 *Les Métamorphoses* : titre d'un recueil de fables du poète latin Ovide (Iᵉʳ s. av. J.-C.), consacré aux transformations de héros mythologiques en plantes, animaux ou minéraux.

Il y a une troisième opinion, qui n'est pas moins ancienne que les deux autres, sur Iphigénie. Plusieurs auteurs, et entre autres Stesichorus, l'un des plus fameux et des plus anciens poètes lyriques, ont écrit qu'il était bien vrai qu'une princesse
25 de ce nom avait été sacrifiée, mais que cette Iphigénie était une fille qu'Hélène avait eue de Thésée. Hélène, disent ces auteurs, ne l'avait osé avouer[1] pour sa fille, parce qu'elle n'osait déclarer à Ménélas qu'elle eût été mariée en secret avec Thésée. Pausanias[2] rapporte et le témoignage et les noms des poètes qui ont
30 été de ce sentiment. Et il ajoute que c'était la créance[3] commune de tout le pays d'Argos.

Homère[4] enfin, le père des poètes, a si peu prétendu qu'Iphigénie fille d'Agamemnon eût été ou sacrifiée en Aulide, ou transportée dans la Scythie[5], que dans le neuvième livre de
35 l'*Iliade*, c'est-à-dire près de dix ans depuis l'arrivée des Grecs devant Troie, Agamemnon fait offrir en mariage à Achille sa fille Iphigénie, qu'il a, dit-il, laissée à Mycènes, dans sa maison.

J'ai rapporté tous ces avis si différents, et surtout le passage de Pausanias, parce que c'est à cet auteur que je dois l'heureux
40 personnage d'Ériphile, sans lequel je n'aurais jamais osé entreprendre cette tragédie. Quelle apparence que j'eusse souillé[6] la scène par le meurtre horrible d'une personne aussi vertueuse et aussi aimable qu'il fallait représenter Iphigénie ? Et quelle apparence encore de dénouer ma tragédie par le secours d'une déesse
45 et d'une machine[7], et par une métamorphose qui pouvait bien trouver quelque créance du temps d'Euripide, mais qui serait trop absurde et trop incroyable parmi nous ?

Je puis dire donc que j'ai été très heureux de trouver dans les Anciens[8] cette autre Iphigénie, que j'ai pu représenter telle

---

1 *Avouer* : reconnaître.
2 *Pausanias* : géographe et historien grec du IIe s. après J.-C.
3 *Créance* : croyance.
4 *Homère* : le plus grand poète grec, auteur de l'*Iliade*.
5 *Scythie* : région au nord de la mer Noire.
6 *Quelle apparence que j'eusse souillé* : comment aurais-je pu souiller.
7 *Machine* : dispositif mécanique permettant une mise en scène spectaculaire.
8 *Les Anciens* : les auteurs antiques.

50 qu'il m'a plu, et qui tombant dans le malheur où cette amante
jalouse voulait précipiter sa rivale, mérite en quelque façon
d'être punie, sans être pourtant tout à fait indigne de compassion. Ainsi le dénouement de la pièce est tiré du fond même de
la pièce. Et il ne faut que l'avoir vu représenter pour comprendre
55 quel plaisir j'ai fait au spectateur, et en sauvant à la fin une
princesse vertueuse pour qui il s'est si fort intéressé dans le
cours de la tragédie, et en la sauvant par une autre voie que par
un miracle, qu'il n'aurait pu souffrir[1], parce qu'il ne le saurait
jamais croire.

60   Le voyage d'Achille à Lesbos[2], dont ce héros se rend maître
et d'où il enlève Ériphile avant que de venir en Aulide, n'est
pas non plus sans fondement. Euphorion de Chalcide, poète
très connu parmi les Anciens et dont Virgile[3] et Quintilien[4] font
une mention honorable, parlait de ce voyage de Lesbos. Il disait
65 dans un de ses poèmes, au rapport de Parthénius, qu'Achille
avait fait la conquête de cette île avant que de joindre l'armée
des Grecs, et qu'il y avait même trouvé une princesse qui s'était
éprise d'amour pour lui.

       Voilà les principales choses en quoi je me suis un peu éloi-
70 gné de l'économie et de la fable[5] d'Euripide. Pour ce qui regarde
les passions, je me suis attaché à le suivre plus exactement.
J'avoue que je lui dois un bon nombre des endroits qui ont été
les plus approuvés dans ma tragédie. Et je l'avoue d'autant plus
volontiers, que ces approbations m'ont confirmé dans l'estime
75 et dans la vénération que j'ai toujours eues pour les ouvrages
qui nous restent de l'Antiquité. J'ai reconnu avec plaisir, par
l'effet qu'a produit sur notre théâtre tout ce que j'ai imité ou
d'Homère ou d'Euripide, que le bon sens et la raison étaient les
mêmes dans tous les siècles. Le goût de Paris s'est trouvé
80 conforme à celui d'Athènes. Mes spectateurs ont été émus des
mêmes choses qui ont mis autrefois en larmes le plus savant

---

1 *Souffrir* : accepter.
2 *Lesbos* : île de la mer Égée. ☞ carte p. 146.
3 *Virgile* : célèbre poète latin (71-19 av. J.-C.), auteur de l'*Énéide*.
4 *Quintilien* : écrivain latin du Ier s., auteur de *L'Institution oratoire*.
5 *De l'économie et de la fable* : du plan et du sujet.

peuple de la Grèce, et qui ont fait dire qu'entre les poètes Euripide était extrêmement tragique, τραγικώτατος, c'est-à-dire qu'il savait merveilleusement exciter la compassion et la terreur,
85 qui sont les véritables effets de la tragédie[1].

Je m'étonne après cela que des Modernes[2] aient témoigné depuis peu tant de dégoût pour ce grand poète dans le jugement[3] qu'ils ont fait de son *Alceste*[4]. Il ne s'agit point ici de l'*Alceste*. Mais en vérité j'ai trop d'obligation à Euripide pour
90 ne pas prendre quelque soin de sa mémoire, et pour laisser échapper l'occasion de le réconcilier avec ces messieurs. Je m'assure[5] qu'il n'est si mal dans leur esprit, que parce qu'ils n'ont pas bien lu l'ouvrage sur lequel ils l'ont condamné. J'ai choisi la plus importante de leurs objections pour leur montrer
95 que j'ai raison de parler ainsi. Je dis la plus importante de leurs objections. Car ils la répètent à chaque page, et ils ne soupçonnent pas seulement que l'on y puisse répliquer.

Il y a dans l'*Alceste* d'Euripide une scène merveilleuse, où Alceste qui se meurt et qui ne peut plus se soutenir, dit à son
100 mari les derniers adieux. Admète tout en larmes la prie de reprendre ses forces et de ne se point abandonner elle-même. Alceste, qui a l'image de la mort devant les yeux, lui parle ainsi :

> *Je vois déjà la rame, et la barque fatale.*
> *J'entends le vieux nocher[6] sur la rive infernale.*
105 > *Impatient, il crie : On t'attend ici-bas ;*
> *Tout est prêt, descends, viens, ne me retarde pas.*

J'aurais souhaité de pouvoir exprimer dans ces vers les grâces qu'ils ont dans l'original. Mais au moins en voilà le sens. Voici comme ces messieurs les ont entendus[7]. Il leur est tombé

---

1 Allusion à Aristote, *Poétique*, XIII.
2 *Modernes* : partisans des auteurs modernes contre les auteurs anciens.
3 *La Critique de l'opéra*, essai dans lequel Charles Perrault compare l'*Alceste* d'Euripide et le livret d'opéra de Quinault.
4 Dans cette tragédie, Alceste, femme d'Admète, consent à mourir pour sauver son mari.
5 *Je m'assure* : je suis sûr.
6 *Nocher* : Charon, le passeur des Enfers.
7 *Entendus* : compris.

110 entre les mains une malheureuse édition d'Euripide, où l'imprimeur a oublié de mettre dans le latin[1], à côté de ces vers un *Al.*
qui signifie que c'est Alceste qui parle, et à côté des vers suivants
un *Ad.* qui signifie que c'est Admète qui répond. Là-dessus il
leur est venu dans l'esprit la plus étrange pensée du monde. Ils
115 ont mis dans la bouche d'Admète les paroles qu'Alceste dit à
Admète, et celles qu'elle se fait dire par Charon. Ainsi ils sup-
posent qu'Admète (quoiqu'il soit en parfaite santé) *pense voir
déjà Charon qui le vient prendre.* Et au lieu que[2] dans ce passage
d'Euripide, Charon impatient presse Alceste de venir trouver,
120 selon ces messieurs c'est Admète effrayé qui est l'impatient, et
qui presse Alceste d'expirer de peur que Charon ne le prenne.
Il l'exhorte, ce sont leurs termes, *à avoir courage, à ne pas faire
une lâcheté, et à mourir de bonne grâce ; il interrompt les adieux
d'Alceste pour lui dire de se dépêcher de mourir.* Peu s'en faut à
125 les entendre, qu'il ne la fasse mourir lui-même. Ce sentiment
leur a paru *fort vilain.* Et ils ont raison. Il n'y a personne qui
n'en fût très scandalisé. Mais comment l'ont-ils pu attribuer à
Euripide ? En vérité, quand toutes les autres éditions où cet *Al.*
n'a point été oublié, ne donneraient pas un démenti au malheu-
130 reux imprimeur qui les a trompés, la suite de ces quatre vers et
tous les discours qu'Admète tient dans la même scène, étaient
plus que suffisants pour les empêcher de tomber dans une
erreur si déraisonnable. Car Admète, bien éloigné de presser
Alceste de mourir, s'écrie que « toutes les morts ensemble lui
135 seraient moins cruelles, que de la voir en l'état où il la voit. Il
la conjure de l'entraîner avec elle. Il ne peut plus vivre si elle
meurt. Il vit en elle. Il ne respire que pour elle ».

Ils ne sont pas plus heureux dans les autres objections. Ils
disent, par exemple, qu'Euripide a fait deux *époux surannés*[3]
140 d'Admète et d'Alceste, que l'un est un *vieux mari,* et l'autre une
princesse déjà sur l'âge. Euripide a pris soin de leur répondre en
un seul vers, où il fait dire par le chœur[4] qu'Alceste « toute jeune,

---

1 *Dans le latin* : dans la traduction latine d'Euripide.
2 *Au lieu que* : alors que.
3 *Surannés* : très âgés.
4 *Chœur* : dans le théâtre grec, acteurs présentant et commentant l'action.

et dans la première fleur de son âge, expire pour son jeune époux ».

145   Ils reprochent encore à Alceste qu'elle a deux grands enfants à marier. Comment n'ont-ils point lu le contraire en cent endroits, et surtout dans ce beau récit où l'on dépeint « Alceste mourante au milieu de ses deux petits enfants qui la tirent en pleurant par la robe, et qu'elle prend sur ses bras l'un après
150 l'autre pour les baiser » ?

Tout le reste de leurs critiques est à peu près de la force de celles-ci. Mais je crois qu'en voilà assez pour la défense de mon auteur. Je conseille à ces messieurs de ne plus décider si légèrement sur les ouvrages des Anciens. Un homme tel qu'Euripide
155 méritait au moins qu'ils l'examinassent puisqu'ils avaient envie de le condamner. Ils devaient se souvenir de ces sages paroles de Quintilien : « Il faut être extrêmement circonspect et très retenu à prononcer[1] sur les ouvrages de ces grands hommes, de peur qu'il ne nous arrive, comme à plusieurs, de condamner
160 ce que nous n'entendons pas[2]. Et s'il faut tomber dans quelques excès, encore vaut-il mieux pécher en admirant tout dans leurs écrits qu'en y blâmant beaucoup de choses. » *Modeste tamem et circumspecto judicio de tantis viris pronuntiandum est, ne (quod plerisque accidit) damnent quæ non intelligunt. Ac si necesse est in*
165 *alteram errare partem, omnia eorum legentibus placere quam multa displicere maluerim*[3].

---

1 *À prononcer* : quand on se prononce.
2 *N'entendons pas* : ne comprenons pas.
3 Quintilien, *Institution oratoire*, X, I, 26. Racine donne en latin le texte qu'il vient de citer traduit.

AGAMEMNON.

ACHILLE.

ULYSSE.

CLYTEMNESTRE, *femme d'Agamemnon.*

IPHIGÉNIE, *fille d'Agamemnon.*

ÉRIPHILE, *fille d'Hélène et de Thésée.*

ARCAS,
EURYBATE, } *domestiques[1] d'Agamemnon*

ÆGINE, *femme de la suite de Clytemnestre.*

DORIS, *confidente d'Ériphile.*

TROUPE DE GARDES.

❧

La scène est en Aulide[2], dans la tente d'Agamemnon.

---

1 *Domestiques* : personnages importants de l'entourage du roi.
2 *En Aulide* : à Aulis, port grec de la mer Égée. ☞ carte p. 146.

Acte I

Scène 1 : AGAMEMNON, ARCAS

AGAMEMNON

Oui, c'est Agamemnon, c'est ton roi qui t'éveille.
Viens, reconnais la voix qui frappe ton oreille.

ARCAS

C'est vous-même, Seigneur ! quel important besoin
Vous a fait devancer l'aurore de si loin ?
5 À peine un faible jour vous éclaire et me guide.
Vos yeux seuls et les miens sont ouverts dans l'Aulide.
Avez-vous dans les airs entendu quelque bruit ?
Les vents nous auraient-ils exaucés cette nuit ?
Mais tout dort, et l'armée, et les vents, et Neptune.

AGAMEMNON

10 Heureux ! qui satisfait de son humble fortune[1],
Libre du joug superbe[2] où[3] je suis attaché,
Vit dans l'état obscur où les dieux l'ont caché.

ARCAS

Et depuis quand, Seigneur, tenez-vous ce langage ?
Comblé de tant d'honneurs, par quel secret outrage
15 Les dieux à vos désirs toujours si complaisants,
Vous font-ils méconnaître et haïr leurs présents ?
Roi, père, époux heureux, fils du puissant Atrée[4]
Vous possédez des Grecs la plus riche contrée.

---

1 *Fortune* : sort.
2 *Superbe* : qui inspire de l'orgueil. ☞ p. 172.
3 *Où* : auquel.
4 *Atrée* : roi de Mycènes. ☞ p. 171.

Du sang de Jupiter issu de tous côtés[1],
20 L'hymen[2] vous lie encore aux dieux dont vous sortez.
Le jeune Achille enfin, vanté par tant d'oracles,
Achille, à qui le ciel promet tant de miracles[3],
Recherche[4] votre fille, et d'un hymen si beau
Veut dans Troie embrasée allumer le flambeau[5].
25 Quelle gloire, Seigneur, quels triomphes égalent
Le spectacle pompeux[6] que ces bords vous étalent,
Tous ces mille vaisseaux, qui chargés de vingt rois,
N'attendent que les vents pour partir sous vos lois ?
Ce long calme, il est vrai, retarde vos conquêtes,
30 Ces vents depuis trois mois enchaînés sur nos têtes
D'Ilion[7] trop longtemps vous ferment le chemin.
Mais parmi tant d'honneurs vous êtes homme enfin.
Tandis que[8] vous vivrez, le sort qui toujours change,
Ne vous a point promis un bonheur sans mélange.
35 Bientôt... Mais quels malheurs dans ce billet tracés
Vous arrachent, Seigneur, les pleurs que vous versez ?
Votre Oreste au berceau va-t-il finir sa vie ?
Pleurez-vous Clytemnestre, ou bien Iphigénie ?
Qu'est-ce qu'on vous écrit ? Daignez m'en avertir[9].

AGAMEMNON

40 Non, tu ne mourras point, je n'y puis consentir.

ARCAS

Seigneur...

AGAMEMNON

Tu vois mon trouble : apprends ce qui le cause,
Et juge s'il est temps, ami, que je repose.

---

1 ☞ la généalogie des Atrides, p. 146.
2 *Hymen* : mariage. ☞ p. 172.
3 *Miracles* : actions admirables.
4 *Recherche* : recherche en mariage.
5 *D'un hymen ... allumer le flambeau* : célébrer le mariage.
6 *Pompeux* : grandiose.
7 *Ilion* : Troie.
8 *Tandis que* : aussi longtemps que.
9 *Avertir* : instruire.

Tu te souviens du jour qu'en Aulide assemblés,
Nos vaisseaux par les vents semblaient être appelés.
45 Nous partions. Et déjà par mille cris de joie,
Nous menacions de loin les rivages de Troie.
Un prodige étonnant[1] fit taire ce transport.
Le vent qui nous flattait[2] nous laissa dans le port.
Il fallut s'arrêter, et la rame inutile
50 Fatigua vainement une mer immobile.
Ce miracle inouï me fit tourner les yeux
Vers la divinité qu'on adore en ces lieux.
Suivi de Ménélas, de Nestor et d'Ulysse,
J'offris sur ses autels un secret sacrifice.
55 Quelle fut sa réponse ! et quel devins-je, Arcas,
Quand j'entendis ces mots prononcés par Calchas :
    Vous armez contre Troie une puissance vaine,
    Si, dans un sacrifice auguste et solennel
            Une fille du sang d'Hélène
60   *De Diane en ces lieux n'ensanglante l'autel.*
    Pour obtenir les vents que le ciel vous dénie[3],
            Sacrifiez Iphigénie.

ARCAS

    Votre fille !

AGAMEMNON

                    Surpris, comme tu peux penser,
Je sentis dans mon corps tout mon sang se glacer.
65 Je demeurai sans voix, et n'en repris l'usage
Que par mille sanglots qui se firent passage.
Je condamnai les dieux, et sans plus rien ouïr,
Fis vœu sur leurs autels de leur désobéir.
Que n'en croyais-je alors ma tendresse alarmée !
70 Je voulais sur-le-champ congédier l'armée.
Ulysse en apparence approuvant mes discours,
De ce premier torrent laissa passer le cours.

---

1 *Étonnant* : qui frappe de stupeur.
2 *Flattait* : donnait un faux espoir.
3 *Dénie* : refuse.

Mais bientôt, rappelant sa cruelle industrie[1],
Il me représenta l'honneur et la patrie,
75   Tout ce peuple, ces rois à mes ordres soumis,
Et l'empire d'Asie à la Grèce promis ;
De quel front[2], immolant tout l'État à ma fille,
Roi sans gloire, j'irais vieillir dans ma famille.
Moi-même (je l'avoue avec quelque pudeur)
80   Charmé de mon pouvoir et plein de ma grandeur,
Ces noms de roi des rois et de chef de la Grèce
Chatouillaient de mon cœur l'orgueilleuse faiblesse.
Pour comble de malheur, les dieux toutes les nuits,
Dès qu'un léger sommeil suspendait mes ennuis[3],
85   Vengeant de leurs autels le sanglant privilège[4],
Me venaient reprocher ma pitié sacrilège,
Et présentant la foudre à mon esprit confus[5],
Le bras déjà levé, menaçaient mes refus.
Je me rendis, Arcas ; et, vaincu par Ulysse,
90   De ma fille en pleurant j'ordonnai le supplice.
Mais des bras d'une mère il fallait l'arracher.
Quel funeste[6] artifice il me fallut chercher !
D'Achille, qui l'aimait, j'empruntai le langage,
J'écrivis en Argos, pour hâter ce voyage,
95   Que ce guerrier, pressé de partir avec nous,
Voulait revoir ma fille, et partir son époux[7].

ARCAS

Et ne craignez-vous point l'impatient[8] Achille ?
Avez-vous prétendu[9] que muet et tranquille,

---

1 *Industrie* : habileté dans l'exécution.
2 *De quel front* : de quel air.
3 *Ennuis* : tourments.
4 *Vengeant de leurs autels le sanglant privilège* : se vengeant du refus d'Agamemnon à verser sur leurs autels le sang qui leur était dû.
5 *Confus* : troublé.
6 *Funeste* : qui cause la mort. ☞ p. 172.
7 *Partir son époux* : partir une fois qu'il serait devenu son époux.
8 *Impatient* : qui ne peut se contenir.
9 *Avez-vous prétendu* : avez-vous cru.

Ce héros, qu'armera[1] l'amour et la raison,
100   Vous laisse pour ce meurtre abuser de son nom ?
Verra-t-il à ses yeux son amante[2] immolée ?

AGAMEMNON

Achille était absent. Et son père Pélée,
D'un voisin ennemi redoutant les efforts,
L'avait, tu t'en souviens, rappelé de ces bords,
105   Et cette guerre, Arcas, selon toute apparence,
Aurait dû plus longtemps prolonger son absence,
Mais qui peut dans sa course arrêter ce torrent ?
Achille va combattre, et triomphe en courant.
Et ce vainqueur suivant de près sa renommée,
110   Hier avec la nuit arriva dans l'armée.
Mais des nœuds plus puissants me retiennent le bras.
Ma fille qui s'approche, et court à son trépas,
Qui loin de soupçonner un arrêt si sévère[3],
Peut-être s'applaudit des bontés de son père.
115   Ma fille... Ce nom seul dont les droits sont si saints,
Sa jeunesse, mon sang, n'est[4] pas ce que je plains[5].
Je plains mille vertus, une amour mutuelle[6],
Sa piété pour moi, ma tendresse pour elle,
Un respect, qu'en son cœur rien ne peut balancer,
120   Et que j'avais promis de mieux récompenser.
Non, je ne croirai point, ô ciel ! que ta justice
Approuve la fureur[7] de ce noir[8] sacrifice.
Tes oracles sans doute ont voulu m'éprouver,
Et tu me punirais si j'osais l'achever.
125   Arcas, je t'ai choisi pour cette confidence.

---

1 *Armera* : accord du verbe avec le sujet le plus proche.
2 *Amante* : qui aime et qui est aimée. ☞ p. 172.
3 *Sévère* : terrible.
4 *N'est* : voir note 1.
5 *Ce que je plains* : ce dont je déplore la perte.
6 *Une amour mutuelle* : le mot est souvent féminin au XVIIᵉ s.
7 *Fureur* : barbarie. ☞ p. 172.
8 *Noir* : criminel.

IPHIGÉNIE

Il faut montrer ici ton zèle¹ et ta prudence².
La reine qui dans Sparte avait connu ta foi³,
T'a placé dans le rang que tu tiens près de moi.
Prends cette lettre. Cours au-devant de la reine.
130 Et suis sans t'arrêter le chemin de Mycène.
Dès que tu la verras défends-lui d'avancer ;
Et rends-lui⁴ ce billet que je viens de tracer.
Mais ne t'écarte point⁵. Prends un fidèle guide.
Si ma fille une fois met le pied dans l'Aulide,
135 Elle est morte. Calchas qui l'attend en ces lieux,
Fera taire nos pleurs, fera parler les dieux ;
Et la religion contre nous irritée,
Par les timides⁶ Grecs sera seule écoutée.
Ceux même dont ma gloire aigrit l'ambition
140 Réveilleront leur brigue et leur prétention,
M'arracheront peut-être un pouvoir qui les blesse...
Va, dis-je, sauve-la de ma propre faiblesse.
Mais surtout ne va point par un zèle indiscret⁷
Découvrir à ses yeux mon funeste secret.
145 Que s'il se peut, ma fille à jamais abusée,
Ignore à quel péril je l'avais exposée.
D'une mère en fureur épargne-moi les cris,
Et que ta voix⁸ s'accorde avec ce que j'écris.
Pour renvoyer la fille et la mère offensée,
150 Je leur écris qu'Achille a changé de pensée,
Et qu'il veut désormais jusques à son retour
Différer cet hymen que pressait son amour.
Ajoute, tu le peux, que des froideurs d'Achille
On accuse en secret cette jeune Ériphile,
155 Que lui-même captive amena de Lesbos,

1 *Zèle* : dévouement.
2 *Prudence* : intelligence et expérience.
3 *Foi* : fidélité.
4 *Rends-lui* : remets-lui.
5 *Ne t'écarte point* : ne t'égare pas.
6 *Timides* : craintifs.
7 *Indiscret* : qui manque de discernement et de mesure.
8 *Ta voix* : tes paroles.

SITUER

Le camp des Grecs à Aulis. Agamemnon vient avant le jour réveiller son fidèle Arcas. Quelles révélations si importantes le roi veut-il lui confier ? Et pourquoi cet empressement ?

RÉFLÉCHIR

Dramaturgie : *De l'exposition à l'action*

1. Comparez les informations révélées par Arcas et celles d'Agamemnon. En quoi se complètent-elles ?

2. L'exposition (☞ p. 173) procède par ajouts successifs d'informations. Distinguez trois étapes dans la scène.

3. Au v. 111, on passe de l'exposition à l'action. Quels indices grammaticaux le prouvent ?

4. La parole est-elle distribuée équitablement entre les personnages ? À partir de quel moment y a-t-il rupture ? Quel rôle tient alors sur scène le personnage muet ?

Caractères : *Les visages d'un roi*

5. Arcas célèbre la puissance et le bonheur d'Agamemnon (v. 14-28). Relevez les marques d'intensité : quel effet produit leur fréquence ? Cette image du roi est-elle en accord avec la réalité ? Quel effet résulte alors de ce contraste ?

6. Comment Agamemnon réagit-il à l'oracle (v. 63-96) ? Dégagez le plan de la tirade en mettant en évidence les étapes du débat intérieur. Quel trait de caractère ces revirements successifs révèlent-ils ?

7. Le vers 142 souligne la contradiction du personnage d'Agamemnon. Entre quelles forces opposées est-il partagé ? À quelle décision s'est-il finalement arrêté ?

Style : *Poésie du merveilleux*

8. Relevez dans le récit d'Agamemnon (v. 43-62) les éléments qui se rattachent au merveilleux. Montrez que le rythme des vers mime le départ puis l'immobilisation de la flotte. Scandez oralement les vers 49 et 50. Quel est l'effet sonore ?

9. Analysez la strophe formée par les vers 57-62 (mètre et rime). Quel sens peut-on donner à cette variation formelle ?

10. *« Sacrifiez Iphigénie »* (v. 62). Procédez à la transcription phonétique de ce vers, particulièrement travaillé. Que suggère le retour des mêmes sonorités ?

Mise en scène : *Ombre et lumière*

11. Quel parti une mise en scène peut-elle tirer de l'apparition du jour à la fin de la scène ? En quoi l'atmosphère s'en trouve-t-elle changée ?

Et qu'auprès de ma fille on garde dans Argos.
C'est leur en dire assez. Le reste, il le faut taire.
Déjà le jour plus grand nous frappe et nous éclaire ;
Déjà même l'on entre, et j'entends quelque bruit,
160 C'est Achille. Va, pars. Dieux ! Ulysse le suit.

Scène 2 : AGAMEMNON, ACHILLE, ULYSSE

AGAMEMNON

Quoi ! Seigneur, se peut-il que d'un cours si rapide
La Victoire vous ait ramené dans l'Aulide ?
D'un courage naissant sont-ce là les essais ?
Quels triomphes suivront de si nobles succès !
165 La Thessalie[1] entière, ou vaincue, ou calmée,
Lesbos même conquise en attendant[2] l'armée,
De toute autre valeur éternels monuments[3],
Ne sont d'Achille oisif que les amusements.

ACHILLE

Seigneur, honorez moins une faible conquête ;
170 Et que puisse bientôt le ciel, qui nous arrête,
Ouvrir un champ plus noble à ce cœur excité
Par le prix glorieux dont vous l'avez flatté !
Mais cependant, Seigneur, que faut-il que je croie
D'un bruit qui me surprend, et me comble de joie ?
175 Daignez-vous avancer le succès[4] de mes vœux ?
Et bientôt des mortels suis-je le plus heureux ?
On dit qu'Iphigénie, en ces lieux amenée,
Doit bientôt à son sort unir ma destinée.

AGAMEMNON

Ma fille ! qui vous dit qu'on la doit amener ?

---

1 *Thessalie* : région du nord de la Grèce. ☞ p. 146.
2 *En attendant* : pendant que vous attendiez.
3 *Monuments* : témoignages.
4 *Succès* : résultat.

ACHILLE

180 Seigneur, qu'a donc ce bruit qui vous doive étonner ?

AGAMEMNON, *à Ulysse.*

Juste ciel ! saurait-il mon funeste artifice ?

ULYSSE

Seigneur, Agamemnon s'étonne avec justice.
Songez-vous aux malheurs qui nous menacent tous ?
Ô ciel ! pour un hymen quel temps choisissez-vous ?
185 Tandis qu'à nos vaisseaux la mer toujours fermée
Trouble toute la Grèce, et consume l'armée ;
Tandis que, pour fléchir l'inclémence des dieux
Il faut du sang peut-être, et du plus précieux,
Achille seul, Achille à son amour s'applique ?
190 Voudrait-il insulter à la crainte publique,
Et que le chef des Grecs, irritant les destins[1],
Préparât d'un hymen la pompe et les festins ?
Ah Seigneur ! est-ce ainsi que votre âme attendrie
Plaint le malheur des Grecs, et chérit la patrie ?

ACHILLE

195 Dans les champs phrygiens[2] les effets[3] feront foi,
Qui[4] la chérit le plus, ou d'Ulysse ou de moi.
Jusque-là je vous laisse étaler votre zèle.
Vous pouvez à loisir faire des vœux pour elle.
Remplissez les autels d'offrandes et de sang.
200 Des victimes vous-même interrogez le flanc.
Du silence des vents demandez-leur la cause.
Mais moi, qui de ce soin sur Calchas me repose,
Souffrez, Seigneur, souffrez que je coure hâter
Un hymen, dont les dieux ne sauraient s'irriter.
205 Transporté d'une ardeur qui ne peut être oisive,
Je rejoindrai bientôt les Grecs sur cette rive.

---

1 *Destins* : dans la mythologie, puissances qui fixent le cours des événements.
2 *Phrygiens* : troyens.
3 *Effets* : actes.
4 *Qui* : de celui qui.

J'aurais trop de regret si quelque autre guerrier
Au rivage troyen descendait le premier.

AGAMEMNON

Ô ciel ! pourquoi faut-il que ta secrète envie[1]
210 Ferme à de tels héros le chemin de l'Asie ?
N'aurai-je vu briller cette noble chaleur[2]
Que pour m'en retourner avec plus de douleur ?

ULYSSE

Dieux ! qu'est-ce que j'entends ?

ACHILLE

Seigneur, qu'osez-vous dire ?

AGAMEMNON

Qu'il faut, Princes, qu'il faut que chacun se retire,
215 Que d'un crédule espoir trop longtemps abusés,
Nous attendons les vents, qui nous sont refusés.
Le ciel protège Troie. Et par trop de présages
Son courroux nous défend d'en chercher les passages.

ACHILLE

Quels présages affreux nous marquent son courroux ?

AGAMEMNON

220 Vous-même consultez ce qu'il prédit de vous.
Que sert de se flatter[3] ? On sait qu'à votre tête[4]
Les dieux ont d'Ilion attaché la conquête,
Mais on sait que, pour prix d'un triomphe si beau,
Ils ont aux champs troyens marqué votre tombeau,
225 Que votre vie ailleurs et longue et fortunée,
Devant Troie en sa fleur doit être moissonnée.

ACHILLE

Ainsi pour vous venger, tant de rois assemblés
D'un opprobre éternel retourneront comblés[5].

1 *Envie* : jalousie.
2 *Chaleur* : ardeur.
3 *Se flatter* : se donner de faux espoirs.
4 *Votre tête* : votre personne.
5 *Comblés* : chargés.

▲ Jean-Yves Dubois (**A**CHILLE),
Dominique Rozan (**U**LYSSE),
Michel Favory (**A**GAMEMNON),
dans la mise en scène
de Yannis Kokkos,
Comédie-Française, 1991.

▶ Jean-Noël Sissia (**U**LYSSE) et
Jacques Destoop (**A**GAMEMNON)
dans la mise en scène
de Jacques Destoop,
Comédie-Française, 1974.

Et Pâris[1], couronnant son insolente flamme,
230 Retiendra sans péril la sœur de votre femme.

AGAMEMNON

Hé quoi ! votre valeur, qui nous a devancés,
N'a-t-elle pas pris soin de nous venger assez ?
Les malheurs de Lesbos, par vos mains ravagée
Épouvantent encor toute la mer Égée.
235 Troie en a vu la flamme. Et jusque dans ses ports,
Les flots en ont poussé le débris et les morts.
Que dis-je ? Les Troyens pleurent une autre Hélène,
Que vous avez captive envoyée à Mycène,
Car, je n'en doute point, cette jeune beauté
240 Garde en vain un secret que trahit sa fierté,
Et son silence même, accusant[2] sa noblesse,
Nous dit qu'elle nous cache une illustre princesse.

ACHILLE

Non, non, tous ces détours sont trop ingénieux,
Vous lisez de trop loin dans le secret des dieux.
245 Moi, je m'arrêterais à de vaines menaces ?
Et je fuirais l'honneur qui m'attend sur vos traces ?
Les Parques[3] à ma mère, il est vrai, l'ont prédit,
Lorsqu'un époux mortel fut reçu dans son lit[4].
Je puis choisir, dit-on, ou beaucoup d'ans, sans gloire,
250 Ou peu de jours suivis d'une longue mémoire.
Mais, puisqu'il faut enfin que j'arrive au tombeau,
Voudrais-je, de la terre inutile fardeau,
Trop avare d'un sang reçu d'une déesse,
Attendre chez mon père une obscure vieillesse,
255 Et toujours de la gloire évitant le sentier,
Ne laisser aucun nom, et mourir tout entier ?
Ah ! ne nous formons point ces indignes obstacles.
L'honneur parle, il suffit, ce sont là nos oracles.

---

1 *Pâris* : fils de Priam, qui enleva Hélène. ☞ p. 171.
2 *Accusant* : indiquant.
3 *Les Parques* : les trois divinités qui président à la destinée humaine.
4 Achille était fils de Pélée et de la nymphe Thétis. ☞ p. 171.

SITUER

À peine le roi a-t-il confié sa mission à Arcas qu'arrive Achille suivi d'Ulysse. Dans cet échange à trois, à quel double jeu Agamemnon va-t-il se livrer ?

RÉFLÉCHIR

Stratégies : *Agamemnon joue et perd*

1. Devant l'arrivée d'Achille, Agamemnon feint l'étonnement : à quel jeu joue-t-il ? La surprise que lui cause l'arrivée d'Iphigénie est-elle également feinte ? Qu'en conclure sur la stratégie mise en œuvre ?

2. Agamemnon cherche à détourner Achille de la guerre. Quels sont les deux arguments, l'un négatif (v. 220 et suiv.), l'autre positif (v. 231 et suiv.), auxquels il a recours ? Sont-ils efficaces ? Pourquoi ?

Caractères : *Un héros galant*

3. Vérifiez le sens du mot *héros* (☞ p. 173). À partir d'un relevé lexical, vous montrerez que les deux composantes de la définition figurent dans la tirade d'Achille (v. 243-276).

4. Les v. 175-176 sont caractéristiques du discours galant (☞ p. 173). Pourquoi est-il surprenant de les entendre prononcés par Achille ?

5. Dans quel ordre de priorité Achille place-t-il l'amour et la guerre ? Confrontez le début et la fin de la scène. Quelle tendance l'emporte finalement ?

Mise en scène : *Une disposition triangulaire*

6. Les rapports de force entre les personnages sont matérialisés sur scène par la disposition des acteurs. À quoi correspond à cet égard la place respective des personnages sur la photo en haut de la p. 37 ?

7. Décrivez le décor de la scène (photo en haut, p. 37). Dans le contexte de la pièce, que peut symboliser la toile de tente ? Quels jeux d'éclairage suggèrent que le jour se lève ? Quel effet l'extrême dépouillement du décor produit-il sur le spectateur ?

Qui parle ? Qui voit ? : *La perversité tragique*

8. Relisez les v. 198-202 et 269. Quel sens ont-ils pour Achille ? Quel double sens prennent-ils pour le spectateur ? En quoi ce langage signifie-t-il l'ironie tragique (☞ p. 173) du destin ?

Thèmes : *L'humain et le divin*

9. À quelle fin Agamemnon rappelle-t-il à Achille l'oracle qui le concerne (v. 220 et suiv.) ? Quelle attitude à l'égard des dieux la réaction d'Achille révèle-t-elle ?

10. Comment Achille conçoit-il les rapports entre l'humain et le divin ? Pourquoi cette conception de la liberté empêche-t-elle de voir en lui un personnage tragique ?

Les dieux sont de nos jours les maîtres souverains ;
260   Mais, Seigneur, notre gloire est dans nos propres mains.
Pourquoi nous tourmenter de leurs ordres suprêmes ?
Ne songeons qu'à nous rendre immortels comme
                                        [eux-mêmes,
Et laissant faire au sort, courons où la valeur
Nous promet un destin aussi grand que le leur.
265   C'est à Troie, et j'y cours. Et quoi qu'on me prédise,
Je ne demande aux dieux qu'un vent qui m'y conduise,
Et quand moi seul enfin il faudrait l'assiéger,
Patrocle[1] et moi, Seigneur, nous irons vous venger.
Mais non, c'est en vos mains que le destin la livre.
270   Je n'aspire en effet qu'à l'honneur de vous suivre,
Je ne vous presse plus d'approuver les transports
D'un amour qui m'allait éloigner de ces bords :
Ce même amour soigneux de votre renommée,
Veut qu'ici mon exemple encourage l'armée,
275   Et me défend surtout de vous abandonner
Aux timides[2] conseils qu'on ose vous donner.

Scène 3 : **AGAMEMNON, ULYSSE**

ULYSSE

Seigneur, vous entendez. Quelque prix qu'il en coûte,
Il veut voler à Troie et poursuivre sa route.
Nous craignions son amour. Et lui-même aujourd'hui,
280   Par une heureuse erreur, nous arme contre lui.

AGAMEMNON

Hélas !

---

1 *Patrocle* : l'ami d'Achille. ☞ p. 171.
2 *Timides* : lâches.

ULYSSE

De ce soupir que faut-il que j'augure ?
Du sang[1] qui se révolte est-ce quelque murmure ?
Croirai-je qu'une nuit a pu vous ébranler ?
Est-ce donc votre cœur qui vient de nous parler ?
285 Songez-y. Vous devez votre fille à la Grèce.
Vous nous l'avez promise ; et sur cette promesse,
Calchas par tous les Grecs consulté chaque jour,
Leur a prédit des vents l'infaillible retour.
À ses prédictions si l'effet[2] est contraire,
290 Pensez-vous que Calchas continue à se taire ;
Que ses plaintes, qu'en vain vous voudrez apaiser,
Laissent mentir les dieux sans vous en accuser ?
Et qui sait ce qu'aux Grecs frustrés de leur victime
Peut permettre un courroux qu'ils croiront légitime ?
295 Gardez-vous de réduire[3] un peuple furieux,
Seigneur, à prononcer entre vous, et les dieux.
N'est-ce pas vous enfin, de qui la voix pressante
Nous a tous appelés aux campagnes du Xante[4],
Et qui, de ville en ville attestiez[5] les serments
300 Que d'Hélène autrefois firent tous les amants[6],
Quand presque tous les Grecs, rivaux de votre frère
La demandaient en foule à Tyndare son père ?
De quelque heureux époux que l'on dût faire choix,
Nous jurâmes dès lors de défendre ses droits ;
305 Et si quelque insolent lui volait sa conquête,
Nos mains du ravisseur lui promirent la tête.
Mais sans vous, ce serment que l'amour a dicté,
Libres de cet amour, l'aurions-nous respecté ?
Vous seul nous arrachant à de nouvelles flammes[7],
310 Nous avez fait laisser nos enfants et nos femmes.

---

1 *Sang* : ☞ p. 172.
2 *L'effet* : la réalité.
3 *Réduire* : obliger.
4 *Xante* : le Xanthe, fleuve troyen. ☞ carte p. 146.
5 *Vous ... qui attestiez* : vous qui preniez à témoins.
6 *Amants* : prétendants. ☞ p. 172.
7 *Flammes* : affections. ☞ p. 172.

41

Et quand de toutes parts assemblés en ces lieux,
L'honneur de vous venger brille seul à nos yeux,
Quand la Grèce déjà vous donnant son suffrage
Vous reconnaît l'auteur de ce fameux ouvrage[1],
315 Que ses rois qui pouvaient vous disputer ce rang
Sont prêts, pour vous servir, de[2] verser tout leur sang,
Le seul Agamemnon refusant la victoire,
N'ose d'un peu de sang acheter tant de gloire ?
Et dès le premier pas se laissant effrayer,
320 Ne commande les Grecs que pour les renvoyer ?

AGAMEMNON

Ah, Seigneur qu'éloigné du malheur qui m'opprime[3]
Votre cœur aisément se montre magnanime !
Mais que si vous voyiez ceint du bandeau mortel[4]
Votre fils Télémaque approcher de l'autel,
325 Nous vous verrions troublé de cette affreuse image
Changer bientôt en pleurs ce superbe[5] langage,
Éprouver la douleur que j'éprouve aujourd'hui,
Et courir vous jeter entre Calchas et lui !
Seigneur, vous le savez, j'ai donné ma parole,
330 Et si ma fille vient, je consens qu'on l'immole.
Mais, malgré tous mes soins si son heureux destin
La retient dans Argos, ou l'arrête en chemin,
Souffrez que sans presser ce barbare spectacle,
En faveur de mon sang j'explique cet obstacle,
335 Que j'ose pour ma fille accepter le secours
De quelque dieu plus doux qui veille sur ses jours.
Vos conseils sur mon cœur n'ont eu que trop d'empire,
Et je rougis...

---

1 *Ce fameux ouvrage* : l'expédition contre Troie.
2 *Prêts ... de* : prêts à.
3 *Opprime* : accable.
4 *Bandeau mortel* : ruban qu'on nouait sur la tête de la victime.
5 *Superbe* : orgueilleux. ☞ p. 172.

SITUER

Le départ d'Achille laisse Agamemnon et Ulysse face à face : c'est l'occasion pour ce dernier de faire valoir son point de vue. Agamemnon, poussé dans ses retranchements, va-t-il enfin céder ?

RÉFLÉCHIR

Stratégies : *La logique de la guerre*

1. La tirade d'Ulysse (v. 281-320) est une réponse au v. 214 d'Agamemnon *(« ... il faut que chacun se retire »)*. Pourquoi Ulysse ne s'est-il pas exprimé sur le moment ?

2. Soulignez le pronom désignant Agamemnon dans la tirade. À quels autres pronoms s'oppose-t-il ? Précisez la stratégie à l'œuvre.

3. La tirade obéit à une logique implacable. Reconstituez les trois étapes de l'argumentation, en explicitant par un mot de liaison l'articulation entre les parties. De quel type de raisonnement s'agit-il ?

4. Relevez les arguments employés en distinguant le registre rationnel du registre affectif. Qu'en conclure de la maîtrise par Ulysse de la rhétorique (☞ p. 174) ?

Caractères : *La mauvaise conscience d'Agamemnon*

5. Ulysse pousse le roi à la guerre. De quels grands principes se fait-il le porte-parole ? Sa position vous paraît-elle claire ?

6. Que dénote la persistance d'Ulysse à rappeler le passé ? Quel rôle ce personnage tient-il auprès d'Agamemnon ?

Style : *Poésie et éloquence*

7. Trois expressions de sens équivalent apparaissent aux v. 195, 224 et 298. Identifiez cette figure de style. Pourquoi ces variations ?

8. Procédez à l'analyse grammaticale des v. 311-320. Comment sont distribuées les propositions dans les vers ? Quel effet produit cette régularité ?

Thèmes : *Les liens du sang*

9. Relevez les occurrences du mot *« sang »*. Déterminez la valeur de ces différents emplois (☞ p. 172). Comment comprenez-vous le v. 282 ?

10. À quel marché sordide Ulysse convie-t-il Agamemnon ? Pourquoi le sang d'Iphigénie joue-t-il un rôle prépondérant dans le destin de la collectivité ?

Mise en scène : *Images du courtisan*

11. Ulysse se tient derrière Agamemnon sur la photo au bas de la p. 37. Cette disposition des acteurs favorise-t-elle le dialogue ? Quelle relation entre les personnages ce choix de mise en scène souligne-t-il ?

12. Comparez les costumes sur les deux photos p. 37. Quelles différences d'époque ou de style notez-vous ?

Scène 4 : AGAMEMNON, ULYSSE, EURYBATE

EURYBATE

Seigneur...

AGAMEMNON

Ah ! que vient-on me dire ?

EURYBATE

La reine, dont ma course a devancé les pas,
340   Va remettre bientôt sa fille entre vos bras.
Elle approche. Elle s'est quelque temps égarée
Dans ces bois, qui du camp semblent cacher l'entrée.
À peine[1] nous avons dans leur obscurité,
Retrouvé le chemin que nous avions quitté.

AGAMEMNON

345   Ciel !

EURYBATE

Elle amène aussi cette jeune Ériphile,
Que Lesbos a livrée entre les mains d'Achille,
Et qui de son destin, qu'elle ne connaît pas,
Vient, dit-elle, en Aulide interroger Calchas.
Déjà de leur abord[2] la nouvelle est semée,
350   Et déjà de soldats une foule charmée,
Surtout d'Iphigénie admirant la beauté,
Pousse au ciel mille vœux pour sa félicité.
Les uns avec respect environnaient la reine,
D'autres me demandaient le sujet qui l'amène.
355   Mais tous ils confessaient que si jamais les dieux
Ne mirent sur le trône un roi plus glorieux,
Également comblé de leurs faveurs secrètes,
Jamais père ne fut plus heureux que vous l'êtes.

AGAMEMNON

Eurybate, il suffit : vous pouvez nous laisser.
360   Le reste me regarde et je vais y penser.

---

1 *À peine* : avec peine.
2 *Abord* : arrivée.

Scène 5 : AGAMEMNON, ULYSSE

AGAMEMNON

Juste ciel, c'est ainsi qu'assurant ta vengeance
Tu romps tous les ressorts[1] de ma vaine prudence !
Encor si je pouvais, libre dans mon malheur
Par des larmes au moins soulager ma douleur !
365 Triste destin des rois ! esclaves que nous sommes
Et des rigueurs du sort, et des discours des hommes.
Nous nous voyons sans cesse assiégés de témoins,
Et les plus malheureux osent pleurer le moins.

ULYSSE

Je suis père, Seigneur. Et faible comme un autre,
370 Mon cœur se met sans peine en la place du vôtre,
Et frémissant du coup qui vous fait soupirer,
Loin de blâmer vos pleurs, je suis prêt de[2] pleurer.
Mais votre amour n'a plus d'excuse légitime,
Les dieux ont à Calchas amené leur victime.
375 Il le sait, il l'attend ; et s'il la voit tarder,
Lui-même à haute voix viendra la demander.
Nous sommes seuls encor. Hâtez-vous de répandre
Des pleurs que vous arrache un intérêt si tendre.
Pleurez ce sang, pleurez. Ou plutôt sans pâlir,
380 Considérez l'honneur qui doit en rejaillir.
Voyez tout l'Hellespont[3] blanchissant sous nos rames,
Et la perfide Troie abandonnée aux flammes,
Ses peuples dans vos fers, Priam[4] à vos genoux,
Hélène par vos mains rendue à son époux,
385 Voyez de vos vaisseaux les poupes couronnées
Dans cette même Aulide avec vous retournées,
Et ce triomphe heureux, qui s'en va devenir
L'éternel entretien des siècles à venir.

---

1 *Ressorts* : stratagèmes.
2 *Prêt de* : près de.
3 *Hellespont* : détroit des Dardanelles. ☞ carte p. 146.
4 *Priam* : roi de Troie.

AGAMEMNON

Seigneur, de mes efforts je connais[1] l'impuissance,
390   Je cède et laisse aux dieux opprimer l'innocence.
La victime bientôt marchera sur vos pas,
Allez. Mais cependant faites taire Calchas,
Et, m'aidant à cacher ce funeste mystère,
Laissez-moi de l'autel écarter une mère.

---

1 *Connais* : reconnais.

SITUER

Durant l'entretien entre Agamemnon et Achille, un messager survient. Les événements s'accélèrent ; le piège se resserre. Ce coup de théâtre laisse-t-il encore une issue à Agamemnon ?

RÉFLÉCHIR

Dramaturgie : *Rupture et continuité*

1. La division classique du texte en scènes est liée aux entrées et sorties des personnages. Montrez qu'à cet égard les scènes 3 et 5 forment un tout. À quels vers d'Agamemnon la réplique d'Ulysse *« Je suis père, Seigneur... »* (v. 369 et suiv.) répond-elle ?

2. La scène 4 vient interrompre l'entretien entre Ulysse et Agamemnon. Quel maintien celui-ci adopte-t-il en présence du messager ? après son départ ? Quel nouveau regard le spectateur, témoin de ces changements, porte-t-il sur Agamemnon ?

Tons : *Tension et détente*

3. Eurybate rapporte la joie du peuple ; après son départ, le roi laisse éclater son désespoir. Quel effet ce contraste produit-il ?

4. Ulysse (v. 369 et suiv.) répond au roi en adoptant le même ton. Comparez cette réplique avec sa tirade de la scène 3, qu'Agamemnon avait qualifiée de *« superbe langage »* (v. 326). Caractérisez à votre tour le « langage » des v. 369-372.

Stratégies : *Du « triste destin » au « triomphe heureux »*

5. Quel dernier espoir d'Agamemnon est anéanti par l'arrivée d'Iphigénie ? Comment interprète-t-il le hasard qui a joué en sa défaveur ? En quoi est-ce proprement tragique (☞ p. 173) ?

6. *« Voyez tout l'Hellespont blanchissant sous nos rames »* (v. 381). L'hypotypose (☞ p. 173) aux v. 381-388 a une fonction rhétorique. Laquelle ? Quel argument déjà apparu Ulysse met-il finalement en avant ? Quel sentiment flatte-t-il ainsi chez Agamemnon ?

7. Ulysse cherche à montrer que d'un mal peut sortir un bien. Comment s'y prend-il ? L'argumentation est-elle rigoureuse ? Sur quel procédé repose alors la persuasion (☞ p. 173) ?

8. *« Je cède »* (v. 390) fait écho au *« Je me rends »* de la scène 1 (v. 89). Pourquoi Agamemnon sort-il toujours perdant de ces luttes ?

Thèmes : *Le secret*

9. Il est souvent question des larmes au cours de la scène 5 (v. 364, 368, 372, 377-379). Dans la relation entre l'être et le paraître, quelle fonction les larmes détiennent-elles ?

10. À quel type de pouvoir politique correspond l'usage du secret ? Quelle signification revêt alors la détresse d'Agamemnon ?

◥ L'action

1. Agamemnon a exposé en début d'acte son plan pour sauver Iphigénie. En quoi consistait ce projet ? Pourquoi n'a-t-il pu être mené à bien ? Peut-on parler d'une « fatalité » ? Justifiez votre réponse.

2. L'action est en partie déterminée par des faits antérieurs : oracles, promesses, serments. Faites-en la liste, en les classant par ordre d'ancienneté. Dans quelle mesure le passé pèse-t-il sur les choix individuels ?

3. À quelle résolution le roi s'est-il arrêté ? En quoi cela met-il un terme au débat ? Montrez que l'acte I est à cet égard clos sur lui-même.

◥ Les personnages

4. La présence d'Ulysse aux côtés d'Agamemnon laisse deviner le type de rapport qui unit les deux caractères. Quel est ce rapport ? En quoi Ulysse est-il inquiétant ?

5. Homère dans l'*Iliade* applique à Achille l'épithète « *aux pieds légers* ». En quoi ce qualificatif convient-il aussi au personnage de Racine ?

6. Montrez que les personnages se distribuent en deux groupes : ceux qui savent et se taisent, et ceux qui ne savent pas. Laquelle de ces deux catégories domine dans l'acte I ?

◥ La dramaturgie

7. Au cours de l'acte, on apprend l'arrivée successive de tous les protagonistes (☞ p. 174) à Aulis. Que représente à cet égard l'acte I dans l'économie de la pièce ?

8. La dramaturgie classique repose notamment sur le respect des trois unités (☞ p. 152). Montrez que le lieu, le temps et l'action respectent cette règle.

9. En vous aidant du tableau (☞ p. 159-160), précisez quels sont les lieux hors scène dans l'acte I.

Acte II

Scène 1 : ÉRIPHILE, DORIS

ÉRIPHILE

395 Ne les contraignons point, Doris, retirons-nous,
Laissons-les dans les bras d'un père et d'un époux,
Et tandis qu'à l'envi leur amour se déploie,
Mettons en liberté[1] ma tristesse et leur joie.

DORIS

Quoi, Madame ! toujours irritant[2] vos douleurs,
400 Croirez-vous ne plus voir que des sujets de pleurs ?
Je sais que tout déplaît aux yeux d'une captive,
Qu'il n'est point dans les fers de plaisir qui la suive ;
Mais dans le temps fatal[3] que repassant les flots
Nous suivions malgré nous le vainqueur de Lesbos[4]
405 Lorsque dans son vaisseau, prisonnière timide
Vous voyiez devant vous ce vainqueur homicide,
Le dirai-je ? Vos yeux de larmes moins trempés
À pleurer vos malheurs étaient moins occupés.
Maintenant tout vous rit. L'aimable Iphigénie
410 D'une amitié sincère avec vous est unie.
Elle vous plaint, vous voit avec des yeux de sœur.
Et vous seriez dans Troie avec moins de douceur[5].
Vous vouliez voir l'Aulide où son père l'appelle,
Et l'Aulide vous voit arriver avec elle.

---

1 *Mettons en liberté* : laissons s'exprimer librement.
2 *Irritant* : rendant plus vives.
3 *Fatal* : marqué par le destin. ☞ p. 172.
4 *Le vainqueur de Lesbos* : Achille.
5 *Douceur* : bonheur.

49

415   Cependant par un sort que je ne conçois pas,
    Votre douleur redouble, et croît à chaque pas.

ÉRIPHILE

    Hé quoi ! te semble-t-il que la triste[1] Ériphile
    Doive être de leur joie un témoin si tranquille ?
    Crois-tu que mes chagrins doivent s'évanouir
420   À l'aspect[2] d'un bonheur, dont je ne puis jouir ?
    Je vois Iphigénie entre les bras d'un père,
    Elle fait tout l'orgueil d'une superbe[3] mère,
    Et moi, toujours en butte à de nouveaux dangers,
    Remise dès l'enfance en des bras étrangers,
425   Je reçus, et je vois le jour que je respire,
    Sans que père ni mère ait daigné me sourire.
    J'ignore qui je suis. Et pour comble d'horreur
    Un oracle effrayant m'attache à mon erreur[4],
    Et quand je veux chercher le sang qui m'a fait naître,
430   Me dit que sans périr je ne me puis connaître.

DORIS

    Non, non, jusques au bout vous devez le chercher.
    Un oracle toujours se plaît à se cacher.
    Toujours avec un sens il en présente un autre.
    En perdant un faux nom vous reprendrez le vôtre.
435   C'est là tout le danger que vous pouvez courir.
    Et c'est peut-être ainsi que vous devez périr.
    Songez que votre nom fut changé dès l'enfance.

ÉRIPHILE

    Je n'ai de tout mon sort que cette connaissance ;
    Et ton père, du reste infortuné témoin,
440   Ne me permit jamais de pénétrer plus loin.
    Hélas ! dans cette Troie où j'étais attendue,
    Ma gloire[5], disait-il, m'allait être rendue ;

---

1 *Triste* : malheureuse.
2 *À l'aspect* : à la vue.
3 *Superbe* : orgueilleuse.
4 *Erreur* : ignorance.
5 *Gloire* : rang élevé.

J'allais en reprenant et mon nom et mon rang,
Des plus grands rois en moi reconnaître le sang.
445 Déjà je découvrais[1] cette fameuse ville,
Le ciel mène à Lesbos l'impitoyable Achille.
Tout cède, tout ressent ses funestes efforts[2].
Ton père enseveli dans la foule des morts,
Me laisse dans les fers à moi-même inconnue ;
450 Et de tant de grandeurs dont j'étais prévenue[3],
Vile esclave des Grecs, je n'ai pu conserver
Que la fierté d'un sang[4] que je ne puis prouver.

DORIS

Ah ! que perdant[5], Madame, un témoin si fidèle,
La main qui vous l'ôta vous doit sembler cruelle !
455 Mais Calchas est ici, Calchas si renommé,
Qui des secrets des dieux fut toujours informé.
Le ciel souvent lui parle. Instruit par un tel maître,
Il sait tout ce qui fut et tout ce qui doit être.
Pourrait-il de vos jours ignorer les auteurs ?
460 Ce camp même est pour vous tout plein de protecteurs.
Bientôt Iphigénie en épousant Achille,
Vous va sous son appui présenter un asile.
Elle vous l'a promis et juré devant moi.
Ce gage est le premier qu'elle attend de sa foi[6].

ÉRIPHILE

465 Que dirais-tu, Doris, si passant[7] tout le reste
Cet hymen de mes maux était le plus funeste ?

DORIS

Quoi ! Madame ?

---

1 *Je découvrais* : je voyais de loin.
2 *Efforts* : exploits.
3 *Prévenue* : préoccupée.
4 *La fierté d'un sang* : l'orgueil d'une famille. ☞ *sang*, p. 172.
5 *Perdant* : à vous qui perdez.
6 *Foi* : amour.
7 *Passant* : dépassant.

Marie Bell (ÉRIPHILE) et Mony Dalmès (DORIS), Comédie-Française, 1938.

ÉRIPHILE

Tu vois avec étonnement
Que ma douleur ne souffre aucun soulagement.
Écoute. Et tu te vas étonner[1] que je vive.
470   C'est peu d'être étrangère, inconnue, et captive :
Ce destructeur fatal[2] des tristes[3] Lesbiens,
Cet Achille, l'auteur de tes maux et des miens,
Dont la sanglante main m'enleva prisonnière,
Qui m'arracha d'un coup ma naissance et ton père,
475   De qui jusques au nom tout doit m'être odieux,
Est de tous les mortels le plus cher à mes yeux.

DORIS

Ah ! que me dites-vous ?

ÉRIPHILE

Je me flattais[4] sans cesse
Qu'un silence éternel cacherait ma faiblesse.
Mais mon cœur trop pressé[5] m'arrache ce discours,
480   Et te parle une fois, pour se taire toujours.
Ne me demande point sur quel espoir fondée
De ce fatal amour je me vis possédée.
Je n'en accuse point quelques feintes douleurs[6]
Dont je crus voir Achille honorer mes malheurs.
485   Le ciel s'est fait sans doute une joie inhumaine
À rassembler sur moi tous les traits de sa haine.
Rappellerai-je encor le souvenir affreux
Du jour qui dans les fers nous jeta toutes deux ?
Dans les cruelles mains, par qui je fus ravie,
490   Je demeurai longtemps sans lumière et sans vie.
Enfin mes tristes yeux cherchèrent la clarté ;
Et me voyant presser d'un bras ensanglanté,
Je frémissais, Doris, et d'un vainqueur sauvage

---

1 *Tu te vas étonner* : tu vas t'étonner.
2 *Fatal* : funeste. ☞ p. 172.
3 *Tristes* : malheureux. ☞ p. 172.
4 *Je me flattais* : j'espérais à tort.
5 *Pressé* : accablé.
6 *Feintes douleurs* : manifestations simulées de la pitié.

Craignais de rencontrer l'effroyable visage.
495 J'entrai dans son vaisseau, détestant¹ sa fureur
Et toujours détournant ma vue avec horreur.
Je le vis. Son aspect n'avait rien de farouche.
Je sentis le reproche expirer dans ma bouche.
Je sentis contre moi mon cœur se déclarer,
500 J'oubliai ma colère, et ne sus que pleurer.
Je me laissai conduire à² cet aimable guide.
Je l'aimais à Lesbos, et je l'aime en Aulide.
Iphigénie en vain s'offre à me protéger,
Et me tend une main prompte à me soulager :
505 Triste effet des fureurs dont je suis tourmentée !
Je n'accepte la main qu'elle m'a présentée,
Que pour m'armer contre elle, et sans me découvrir,
Traverser³ son bonheur, que je ne puis souffrir.

DORIS

Et que pourrait contre elle une impuissante haine ?
510 Ne valait-il pas mieux, renfermée à Mycène,
Éviter les tourments que vous venez chercher,
Et combattre des feux⁴ contraints de se cacher ?

ÉRIPHILE

Je le voulais, Doris. Mais quelque triste image
Que sa gloire⁵ à mes yeux montrât sur ce rivage,
515 Au sort qui me traînait il fallut consentir.
Une secrète voix m'ordonna de partir,
Me dit qu'offrant ici ma présence importune,
Peut-être j'y pourrais porter mon infortune,
Que peut-être approchant⁶ ces amants trop heureux,
520 Quelqu'un de mes malheurs se répandrait sur eux.
Voilà ce qui m'amène, et non l'impatience
D'apprendre à qui je dois une triste naissance.

---

1 *Détestant* : maudissant.
2 *Conduire à* : conduire par.
3 *Traverser* : me mettre en travers de.
4 *Feux* : passion.
5 *Gloire* : situation brillante.
6 *Approchant* : si j'approchais.

SITUER

Clytemnestre et Iphigénie arrivent à Aulis, où elles sont accueillies par Agamemnon, cependant que la « *triste Ériphile* » se révèle à sa confidente.

RÉFLÉCHIR

Caractères : *Ériphile, « à [elle]-même inconnue »*

1. *« Je n'ai de tout mon sort que cette connaissance »* (v. 438). Que sait précisément Ériphile de ses origines ? Dans quelle position cette connaissance la met-elle ?

2. L'antithèse *« Des plus grands rois »* (v. 444) / *« Vile esclave »* (v. 451) résume le drame d'Ériphile. Comment peut-on définir le statut de ce personnage ?

Genre : *Une scène d'aveu*

3. À quel type d'aveu Ériphile se livre-t-elle dans les v. 465-502 ? Reconstituez-en les étapes. En quoi le v. 502 marque-t-il un aboutissement de l'aveu ?

4. Après les v. 471-475, à quelle conclusion logique devait-on s'attendre ? Quel trait caractéristique de la passion d'Ériphile la surprise du v. 476 souligne-t-elle ?

Thèmes : *La fatalité*

5. *« Au sort qui me traînait il fallut consentir »* (v. 515). Précisez le sens de ce vers. Quel comportement ce sentiment de la fatalité induit-il chez l'héroïne tragique ?

6. *« De ce fatal amour je me vis possédée »* (v. 482). En vous reportant aux différents sens du mot *fatal* (☞ p. 172), vous définirez avec précision la nature de la passion tragique.

Style : *L'écriture de l'instantané*

7. Quelle valeur attribuer au passé simple des v. 497-501 ? Comparez avec le célèbre vers 273 de *Phèdre* : « *Je le vis, je rougis, je pâlis à sa vue* ».

8. *« Je le vis »* (v. 497) : quel rôle joue le premier regard ? Comment en sont exprimées les conséquences immédiates ?

9. Que traduit l'anaphore (☞ p. 173) du pronom *je* aux v. 497-502 ? De qui est-il surtout question dans ce récit d'un coup de foudre ? Qu'en conclure sur la nature de la rencontre ?

Mise en scène : *L'esthétique de la pose*

10. La traîne du vêtement d'Ériphile (photo p. 52) prolonge l'arc de son corps : dites en quoi cette pose est particulièrement esthétique. La scène vous paraît-elle composée ? Pourquoi ?

11. Comment interpréter sur cette photo le geste et le regard de Doris ? Que suggèrent-ils des relations entre la suivante et la maîtresse ?

Ou plutôt leur hymen me servira de loi.
S'il s'achève[1], il suffit, tout est fini pour moi.
525 Je périrai, Doris, et par une mort prompte
Dans la nuit du tombeau j'enfermerai ma honte,
Sans chercher des parents si longtemps ignorés,
Et que ma folle amour[2] a trop déshonorés.

DORIS

Que je vous plains, Madame ! et que la tyrannie...

ÉRIPHILE

530 Tu vois Agamemnon avec Iphigénie.

Scène 2 : AGAMEMNON, IPHIGÉNIE, ÉRIPHILE, DORIS

IPHIGÉNIE

Seigneur, où courez-vous ? Et quels empressements
Vous dérobent sitôt à nos embrassements ?
À qui dois-je imputer cette fuite soudaine ?
Mon respect a fait place aux transports de la reine,
535 Un moment à mon tour ne vous puis-je arrêter ?
Et ma joie à vos yeux n'ose-t-elle éclater ?
Ne puis-je...

AGAMEMNON

Eh bien, ma fille, embrassez votre père.
Il vous aime toujours.

IPHIGÉNIE

Que cette amour m'est chère !
Quel plaisir de vous voir, et de vous contempler
540 Dans ce nouvel éclat dont je vous vois briller !
Quels honneurs ! quel pouvoir ! Déjà la renommée
Par d'étonnants récits m'en avait informée,
Mais que voyant de près ce spectacle charmant,

---

1 *S'achève* : s'accomplit.
2 *Ma folle amour* : le mot est souvent féminin au XVIIᵉ siècle.

Je sens croître ma joie et mon étonnement !
545 Dieux ! avec quel amour la Grèce vous révère !
Quel bonheur de me voir la fille d'un tel père !

AGAMEMNON

Vous méritiez, ma fille, un père plus heureux.

IPHIGÉNIE

Quelle félicité peut manquer à vos vœux ?
À de plus grands honneurs un roi peut-il prétendre ?
550 J'ai cru n'avoir au ciel que des grâces à rendre.

AGAMEMNON

Grands dieux ! à son malheur dois-je la préparer ?

IPHIGÉNIE

Vous vous cachez, Seigneur, et semblez soupirer,
Tous vos regards sur moi ne tombent qu'avec peine.
Avons-nous sans votre ordre abandonné Mycène ?

AGAMEMNON

555 Ma fille, je vous vois toujours des mêmes yeux,
Mais les temps sont changés aussi bien que les lieux.
D'un soin[1] cruel ma joie est ici combattue.

IPHIGÉNIE

Hé ! mon père, oubliez votre rang à ma vue.
Je prévois la rigueur d'un long éloignement[2].
560 N'osez-vous sans rougir être père un moment ?
Vous n'avez devant vous qu'une jeune princesse[3],
À qui j'avais pour moi vanté votre tendresse.
Cent fois lui promettant mes soins[4], votre bonté,
J'ai fait gloire à ses yeux de ma félicité.
565 Que va-t-elle penser de votre indifférence ?
Ai-je flatté ses vœux d'une fausse espérance ?
N'éclaircirez-vous point ce front chargé d'ennuis ?

---

1 *Soin* : inquiétude. ☞ p. 172.
2 *Je prévois la rigueur d'un long éloignement* : je m'attends à la froideur qui suit une longue séparation.
3 *Une jeune princesse* : Ériphile.
4 *Mes soins* : mon appui.

AGAMEMNON

Ah ! ma fille !

IPHIGÉNIE

Seigneur, poursuivez.

AGAMEMNON

Je ne puis.

IPHIGÉNIE

Périsse le Troyen auteur de nos alarmes !

AGAMEMNON

570   Sa perte à ses vainqueurs coûtera bien des larmes.

IPHIGÉNIE

Les dieux daignent surtout prendre soin de vos jours !

AGAMEMNON

Les dieux depuis un temps me sont cruels et sourds.

IPHIGÉNIE

Calchas, dit-on, prépare un pompeux[1] sacrifice ?

AGAMEMNON

Puissé-je auparavant fléchir leur injustice !

IPHIGÉNIE

575   L'offrira-t-on bientôt ?

AGAMEMNON

Plus tôt que je ne veux.

IPHIGÉNIE

Me sera-t-il permis de me joindre à vos vœux ?
Verra-t-on à l'autel votre heureuse famille ?

AGAMEMNON

Hélas !

IPHIGÉNIE

Vous vous taisez ?

AGAMEMNON

Vous y serez, ma fille.
Adieu.

---

1 *Pompeux* : magnifique et solennel. ☞ *pompe*, p. 172.

SITUER

Iphigénie a reçu l'accueil de son père ; mais ces retrouvailles familiales sont-elles aussi parfaites que l'ont donné à penser les propos d'Ériphile ?

RÉFLÉCHIR

Dramaturgie : *Les formes du dialogue*

1. La répartition des répliques entre Iphigénie et Agamemnon n'est pas égale. Quel personnage favorise-t-elle ? Quel type de phrase domine dans les répliques d'Iphigénie ? Que peut-on en déduire sur sa situation par rapport à Agamemnon ?

2. Dans les stichomythies (☞ p. 174) des v. 569-578, qui mène le dialogue ? Agamemnon ajoute-t-il des informations dans ses réponses ? A-t-on le sentiment d'une progression dans le dialogue ?

Stratégies : *Les dérobades d'Agamemnon*

3. Dans les v. 554-569, Iphigénie tente d'expliquer la tristesse d'Agamemnon. Recensez les hypothèses successivement avancées. Comment Agamemnon répond-il à chacune d'entre elles ?

4. Les réponses d'Agamemnon sont équivoques. Pourquoi ? Dans quel but entretient-il ce type de communication ?

Qui parle ? Qui voit ? : *Des mots à double entente*

5. Distinguez dans les v. 569-578 les répliques à double sens et les répliques de sens obscur ou incomplet.

6. Iphigénie ne peut comprendre la portée réelle des paroles d'Agamemnon. Dans quelle situation son ignorance la place-t-elle par rapport à son père ?

7. Parmi les personnages regardés et les personnages regardant, quels sont ceux qui savent ? Reconstituez le jeu des regards, et dites dans quelle situation se trouve Iphigénie.

8. Dans quelle situation l'omniscience du spectateur le met-elle par rapport à l'action représentée ?

Genre : *L'ironie tragique*

9. Quel sens le v. 573 revêt-il pour Iphigénie ? pour Agamemnon ? Quel effet l'écart entre les deux interprétations produit-il sur le spectateur ?

10. Relevez dans la scène trois exemples où se manifeste l'ironie tragique (☞ p. 173), en précisant à chaque fois les deux sens possibles.

11. Quel trait caractéristique de la condition humaine l'ironie tragique fait-elle apparaître ?

Scène 3 : IPHIGÉNIE, ÉRIPHILE, DORIS

IPHIGÉNIE

De cet accueil que dois-je soupçonner ?
580 D'une secrète horreur[1] je me sens frissonner.
Je crains malgré moi-même un malheur que j'ignore.
Justes dieux, vous savez pour qui je vous implore !

ÉRIPHILE

Quoi ! parmi tous les soins qui doivent l'accabler,
Quelque froideur suffit pour vous faire trembler ?
585 Hélas ! à quels soupirs suis-je donc condamnée,
Moi, qui de mes parents toujours abandonnée,
Étrangère partout, n'ai pas même en naissant,
Peut-être reçu d'eux un regard caressant.
Du moins si vos respects sont rejetés d'un père,
590 Vous en pouvez gémir dans le sein d'une mère,
Et, de quelque disgrâce[2] enfin que vous pleuriez,
Quels pleurs par un amant ne sont point essuyés ?

IPHIGÉNIE

Je ne m'en défends point. Mes pleurs, belle Ériphile,
Ne tiendront pas longtemps contre les soins[3] d'Achille.
595 Sa gloire, son amour, mon père, mon devoir,
Lui donnent sur mon âme un trop juste pouvoir.
Mais de lui-même ici que faut-il que je pense ?
Cet amant, pour me voir brûlant d'impatience,
Que les Grecs de ces bords ne pouvaient arracher,
600 Qu'un père de si loin m'ordonne de chercher[4],
S'empresse-t-il assez pour jouir d'une vue
Qu'avec tant de transports je croyais attendue ?
Pour moi, depuis deux jours, qu'approchant de ces lieux,
Leur aspect souhaité se découvre à nos yeux,

---

1 *Secrète horreur* : profonde sensation d'effroi. ☞ p. 172.
2 *Disgrâce* : infortune.
3 *Soins* : marques d'affection. ☞ p. 172.
4 *Chercher* : venir trouver.

605 Je l'attendais partout, et d'un regard timide
Sans cesse parcourant les chemins de l'Aulide,
Mon cœur pour le chercher volait loin devant moi,
Et je demande Achille à tout ce que je voi[1].
Je viens, j'arrive enfin sans qu'il m'ait prévenue[2].
610 Je n'ai percé qu'à peine[3] une foule inconnue.
Lui seul ne paraît point. Le triste Agamemnon
Semble craindre à mes yeux de prononcer son nom.
Que fait-il ? Qui pourra m'expliquer ce mystère ?
Trouverai-je l'amant glacé comme le père ?
615 Et les soins[4] de la guerre auraient-ils en un jour
Éteint dans tous les cœurs la tendresse et l'amour ?
Mais non. C'est l'offenser par d'injustes alarmes.
C'est à moi que l'on doit le secours de ses armes.
Il n'était point à Sparte entre tous ces amants,
620 Dont le père d'Hélène a reçu les serments.
Lui seul de tous les Grecs maître de sa parole,
S'il part contre Ilion, c'est pour moi qu'il y vole
Et, satisfait d'un prix qui lui semble si doux,
Il veut même y porter le nom de mon époux.

---

1 *Je voi* : je vois ; orthographe ancienne exigée par la rime.
2 *Sans qu'il m'ait prévenue* : sans qu'il soit venu au-devant de moi.
3 *À peine* : avec peine.
4 *Soins* : préoccupations. ☞ p. 172.

Scène 4 : CLYTEMNESTRE, IPHIGÉNIE, ÉRIPHILE, DORIS

CLYTEMNESTRE

625 Ma fille, il faut partir sans que rien nous retienne,
Et sauver, en fuyant, votre gloire et la mienne.
Je ne m'étonne plus qu'interdit et distrait
Votre père ait paru nous revoir à regret.
Aux affronts d'un refus craignant de vous commettre[1],
630 Il m'avait par Arcas envoyé cette lettre.
Arcas s'est vu trompé par notre égarement[2],
Et vient de me la rendre[3] en ce même moment.
Sauvons encore un coup notre gloire offensée :
Pour votre hymen Achille a changé de pensée,
635 Et, refusant l'honneur qu'on lui veut accorder,
Jusques à son retour il veut le retarder.

ÉRIPHILE

Qu'entends-je ?

CLYTEMNESTRE

Je vous vois rougir de cet outrage,
Il faut d'un noble orgueil armer votre courage[4].
Moi-même de l'ingrat approuvant le dessein,
640 Je vous l'ai dans Argos présenté de ma main ;
Et mon choix, que flattait le bruit de sa noblesse[5]
Vous donnait avec joie au fils d'une déesse.
Mais puisque désormais son lâche repentir[6]
Dément le sang des dieux, dont on le fait sortir,
645 Ma fille, c'est à nous de montrer qui nous sommes,
Et de ne voir en lui que le dernier des hommes.
Lui ferons-nous penser par un plus long séjour,
Que vos vœux de son cœur attendent le retour ?

---

1 *Commettre* : exposer.
2 *Égarement* : fait de se tromper de chemin.
3 *Rendre* : remettre.
4 *Courage* : cœur.
5 *Le bruit de sa noblesse* : la réputation attachée à sa valeur.
6 *Repentir* : changement de résolution.

Rompons avec plaisir un hymen qu'il diffère.
650   J'ai fait de mon dessein avertir votre père.
Je ne l'attends ici que pour m'en séparer,
Et pour ce prompt départ je vais tout préparer.
    (À Ériphile.)
Je ne vous presse point, Madame, de nous suivre,
En de plus chères mains ma retraite[1] vous livre.
655   De vos desseins secrets on est trop éclairci,
Et ce n'est pas Calchas que vous cherchez ici.

Scène 5 : IPHIGÉNIE, ÉRIPHILE, DORIS

IPHIGÉNIE

En quel funeste état ces mots m'ont-ils laissée !
Pour mon hymen Achille a changé de pensée !
Il me faut sans honneur[2] retourner sur mes pas,
660   Et vous cherchez ici quelque autre que Calchas ?

ÉRIPHILE

Madame, à ce discours je ne puis rien comprendre.

IPHIGÉNIE

Vous m'entendez[3] assez, si vous voulez m'entendre.
Le sort injurieux[4] me ravit un époux,
Madame, à mon malheur m'abandonnerez-vous ?
665   Vous ne pouviez sans moi demeurer à Mycène.
Me verra-t-on sans vous partir avec la reine ?

ÉRIPHILE

Je voulais voir Calchas avant que de partir.

IPHIGÉNIE

Que tardez-vous, Madame, à le faire avertir ?

---

1 *Retraite* : départ.
2 *Sans honneur* : avec honte.
3 *Entendez* : comprenez.
4 *Injurieux* : d'une injustice outrageante.

ÉRIPHILE

    D'Argos, dans un moment, vous reprenez la route.

IPHIGÉNIE

670   Un moment quelquefois éclaircit plus d'un doute.
    Mais, Madame, je vois que c'est trop vous presser.
    Je vois ce que jamais je n'ai voulu penser.
    Achille... Vous brûlez que je ne sois partie[1].

ÉRIPHILE

    Moi ? Vous me soupçonnez de cette perfidie ?
675   Moi j'aimerais, Madame, un vainqueur furieux,
    Qui toujours tout sanglant se présente à mes yeux,
    Qui, la flamme à la main, et de meurtres avide,
    Mit en cendres Lesbos...

IPHIGÉNIE

                    Oui, vous l'aimez, perfide.
    Et ces mêmes fureurs que vous me dépeignez,
680   Ces bras que dans le sang vous avez vus baignés,
    Ces morts, cette Lesbos, ces cendres, cette flamme,
    Sont les traits dont l'amour l'a gravé dans votre âme,
    Et loin d'en détester le cruel souvenir,
    Vous vous plaisez encore à m'en entretenir.
685   Déjà plus d'une fois dans vos plaintes forcées[2]
    J'ai dû[3] voir, et j'ai vu, le fond de vos pensées.
    Mais toujours sur mes yeux ma facile bonté
    A remis le bandeau que j'avais écarté.
    Vous l'aimez ! que faisais-je ? Et quelle erreur fatale
690   M'a fait entre mes bras recevoir ma rivale ?
    Crédule, je l'aimais. Mon cœur même aujourd'hui
    De son parjure amant lui[4] promettait l'appui.
    Voilà donc le triomphe où j'étais amenée !
    Moi-même à votre char je me suis enchaînée[5].

---

1 *Vous brûlez que je ne sois partie* : vous êtes impatiente de me voir partir.
2 *Forcées* : manquant de naturel.
3 *J'ai dû* : j'aurais dû.
4 *Lui* : à Ériphile.
5 Métaphore empruntée aux rites du triomphe à Rome, où le général vaincu suivait enchaîné le char du général victorieux.

695　Je vous pardonne, hélas ! des vœux intéressés,
　　　Et la perte d'un cœur, que vous me ravissez.
　　　Mais que sans m'avertir du piège qu'on me dresse
　　　Vous me laissiez chercher[1] jusqu'au fond de la Grèce
700　L'ingrat, qui ne m'attend que pour m'abandonner,
　　　Perfide, cet affront se peut-il pardonner ?

ÉRIPHILE

　　　Vous me donnez des noms qui doivent me surprendre,
　　　Madame. On ne m'a pas instruite à les entendre,
　　　Et les dieux contre moi dès longtemps[2] indignés
　　　À mon oreille encor les avaient épargnés.
705　Mais il faut des amants excuser l'injustice.
　　　Et de quoi vouliez-vous que je vous avertisse ?
　　　Avez-vous pu penser qu'au sang d'Agamemnon
　　　Achille préférât une fille sans nom,
　　　Qui de tout son destin ce qu'elle a pu comprendre,
710　C'est qu'elle sort d'un sang qu'il brûle de répandre ?

IPHIGÉNIE

　　　Vous triomphez, cruelle, et bravez ma douleur.
　　　Je n'avais pas encor senti tout mon malheur.
　　　Et vous ne comparez votre exil et ma gloire
　　　Que pour mieux relever[3] votre injuste victoire.
715　Toutefois vos transports sont trop précipités.
　　　Ce même Agamemnon à qui vous insultez[4],
　　　Il commande à la Grèce, il est mon père, il m'aime,
　　　Il ressent mes douleurs beaucoup plus que moi-même.
　　　Mes larmes par avance avaient su le toucher,
720　J'ai surpris ses soupirs qu'il me voulait cacher.
　　　Hélas ! de son accueil condamnant la tristesse,
　　　J'osais me plaindre à lui de son peu de tendresse.

---

1 *Chercher* : venir trouver.
2 *Dès longtemps* : depuis longtemps.
3 *Mieux relever* : donner plus d'éclat à.
4 *À qui vous insultez* : que vous bravez avec insolence.

Clytemnestre a reçu la lettre : comment expliquera-t-elle l'attitude d'Agamemnon ? Et quels malentendus tragiques vont surgir ?

RÉFLÉCHIR

Caractères : *Une mère offensée, une fille outragée*

1. Sur quoi repose le malentendu des scènes 4 et 5 ? Recherchez dans l'acte I, scène 1 la référence précise.

2. « ... *Votre gloire et la mienne* » (v. 626) : relevez dans l'intervention de Clytemnestre les mots ou expressions renvoyant au sentiment de la valeur personnelle. Quelle image de la reine se dessine ainsi ?

3. Les v. 653-656 sont riches en sous-entendus. Que veut dire Clytemnestre ? Quelle efficacité la réplique tire-t-elle de son ambiguïté ? Pourquoi Clytemnestre n'entre-t-elle pas dans les détails d'une explication avec Ériphile ?

4. Comment peut-on interpréter le silence d'Iphigénie à la scène 4 ? À la scène suivante, sur quel ton répète-t-elle aux v. 658 et 660 les v. 634 et 656 ?

Stratégies : *« De vos desseins secrets on est trop éclairci »*

5. Clytemnestre a-t-elle raison de soupçonner Ériphile de trahison ? Sur quel indice fonde-t-elle son jugement ?

6. Les v. 689-692 se lisent deux par deux. Quelle relation entre les deux personnages cette construction symétrique souligne-t-elle ?

7. Iphigénie a-t-elle raison d'évoquer l'« *injuste victoire* » (v. 714) d'Ériphile ? Sa clairvoyance est-elle aussi complète qu'elle le croit ?

Tons : *La violence de la passion*

8. Relevez les différentes appellations par lesquelles Iphigénie désigne Ériphile au cours de la scène 5. Comment interpréter le changement au v. 678 ?

9. Comparez les v. 679-681 et les v. 490 et suiv. : Iphigénie reprend dans les v. 679-681 les mots mêmes d'Ériphile. Quelle différence de ton distingue les deux emplois ?

10. Achille n'est pas nommé dans la tirade d'Iphigénie (v. 678-700) : par quels mots le désigne-t-elle ? Que révèlent ces choix ?

11. Les enjambements (☞ p. 173) aux v. 689-690 et 691-692 traduisent l'émotion du personnage. Quels autres indices de style décèlent le trouble d'Iphigénie ?

Qui parle ? Qui voit ? : *Les illusions d'Iphigénie*

12. Dans les v. 716-722, sur quels points Iphigénie se fait-elle illusion ? Quel sentiment son erreur fait-elle naître chez le spectateur ?

Scène 6 : **ACHILLE, IPHIGÉNIE, ÉRIPHILE, DORIS**

ACHILLE

Il[1] est donc vrai, Madame, et c'est vous que je vois.
Je soupçonnais d'erreur tout le camp à la fois.
725   Vous en Aulide ? Vous ? Eh ! qu'y venez-vous faire ?
D'où vient qu'Agamemnon m'assurait le contraire ?

IPHIGÉNIE

Seigneur, rassurez-vous. Vos vœux seront contents[2],
Iphigénie encor[3] n'y sera pas longtemps.

Scène 7 : **ACHILLE, ÉRIPHILE, DORIS**

ACHILLE

Elle me fuit ! veillé-je[4] ? Ou n'est-ce point un songe ?
730   Dans quel trouble nouveau[5] cette fuite me plonge !
Madame, je ne sais si sans vous irriter,
Achille devant vous pourra se présenter.
Mais si d'un ennemi vous souffrez la prière,
Si lui-même[6] souvent a plaint sa prisonnière,
735   Vous savez quel sujet conduit ici leurs pas.
Vous savez...

---

1 *Il* : cela.
2 *Contents* : satisfaits.
3 *Encor* : désormais.
4 *Veillé-je ?* : suis-je bien éveillé ?
5 *Nouveau* : extraordinaire.
6 *Lui-même* : Achille.

ÉRIPHILE

     Quoi ! Seigneur, ne le savez-vous pas,
Vous, qui depuis un mois brûlant[1] sur ce rivage,
Avez conclu[2] vous-même et hâté leur voyage ?

ACHILLE

De ce même rivage absent depuis un mois,
740 Je le revis hier pour la première fois.

ÉRIPHILE

Quoi ? Lorsque Agamemnon écrivait à Mycène,
Votre amour, votre main n'a pas conduit la sienne ?
Quoi ! Vous qui de sa fille adoriez les attraits...

ACHILLE

Vous m'en voyez encore épris plus que jamais,
745 Madame. Et si l'effet[3] eût suivi ma pensée,
Moi-même dans Argos je l'aurais devancée.
Cependant on me fuit. Quel crime ai-je commis ?
Mais je ne vois partout que des yeux ennemis.
Que dis-je ? En ce moment[4] Calchas, Nestor, Ulysse,
750 De leur vaine éloquence employant l'artifice,
Combattaient mon amour, et semblaient m'annoncer
Que si j'en crois ma gloire il faut y renoncer.
Quelle entreprise[5] ici pourrait être formée ?
Suis-je, sans le savoir, la fable de l'armée ?
755 Entrons. C'est un secret qu'il leur faut arracher.

---

1 Brûlant d'amour.
2 *Conclu* : décidé.
3 *Effet* : réalisation.
4 *En ce moment* : il n'y a qu'un instant.
5 *Entreprise* : projet concerté.

Scène 8 : ÉRIPHILE, DORIS

ÉRIPHILE

Dieux, qui voyez ma honte, où me dois-je cacher ?
Orgueilleuse rivale, on t'aime, et tu murmures ?
Souffrirai-je à la fois ta gloire et tes injures ?
Ah ! plutôt... Mais, Doris, ou j'aime à me flatter[1],
Ou sur eux quelque orage est tout prêt[2] d'éclater.
J'ai des yeux. Leur bonheur n'est pas encor tranquille.
On trompe Iphigénie. On se cache d'Achille,
Agamemnon gémit. Ne désespérons point ;
Et, si le sort contre elle à ma haine se joint,
Je saurai profiter de cette intelligence[3]
Pour ne pas pleurer seule, et mourir sans vengeance.

60

65

---

1 *Me flatter* : me bercer d'illusions.
2 *Prêt de* : près de.
3 *Intelligence* : accord.

Survient Achille, à son insu aux sources du conflit. Sa présence va-t-elle résoudre la crise ou au contraire engendrer de nouveaux malentendus ?

RÉFLÉCHIR

Dramaturgie : *Présence et absence des personnages*

1. À la scène 6, un personnage apparaît, un autre disparaît. Quels personnages assurent la liaison entre les scènes ?

2. L'intérêt de la scène 6 est-il exclusivement d'ordre dramaturgique ? La rapidité de la scène ne se justifie-t-elle pas aussi sur le plan de l'action ? Pourquoi ?

3. À qui s'adresse Achille dans les v. 729-730 et 747-755 ? Quel parti Ériphile peut-elle tirer de ces apartés (☞ p. 173) ?

4. Dans la scène 8, Ériphile s'adresse-t-elle vraiment à Doris ? Que fait-elle exactement ? Pourquoi, d'après vous, Ériphile s'interrompt-elle au v. 759 ?

Tons : *Surprise et soupçons*

5. Comment s'exprime la surprise d'Achille à voir paraître Iphigénie (v. 723-726) ? à la voir disparaître (v. 729-730) ?

6. L'étonnement d'Ériphile fait écho à celui d'Achille, et marque et l'incompréhension et l'intérêt qu'elle prend aux événements. Quel rapport entre les personnages ces manifestations d'étonnement construisent-elles ?

7. Dans les v. 747-755, relevez les indices de versification, grammaire, style qui traduisent l'agitation extrême du personnage. Que soupçonne-t-il réellement ? Est-il loin de la vérité ?

Style : *Métrique et parallélismes*

8. Les seconds hémistiches (☞ p. 173) des v. 757 et 758 peuvent se lire parallèlement. Qu'apporte cette disposition métrique à la compréhension ?

9. Les v. 762-763 sont coupés à l'hémistiche. Que souligne cette égale répartition des membres de phrases ?

Thèmes : *La passion destructrice*

10. À quelles tensions Ériphile apparaît-elle soumise dans la scène 8 ? Comment se traduit ce déchirement intérieur ?

11. *« Ah ! plutôt... »* : quel dessein masque la réticence (☞ p. 174) du v. 759 ? Quel fantasme d'autodestruction anime le personnage ?

L'action

1. L'acte II est l'acte des malentendus. Récapitulez les effets des deux lettres d'Agamemnon.

2. Le projet d'Ériphile à la scène 1 (v. 516 et suiv.) a-t-il changé à la scène 8 (v. 764-766) ? Quel élément nouveau est venu en modifier la teneur ?

Les personnages

3. Le couple Iphigénie-Ériphile domine l'acte. Dans quel sens leur relation évolue-t-elle ?

4. Le bonheur d'Iphigénie s'effrite au cours de l'acte. Reconstituez les étapes de son déclin. Quel parcours inverse accomplit Ériphile ?

5. Le « *nom* », le « *rang* », le « *sang* » (v. 443-444) déterminent l'identité du personnage racinien. Comparez à cet égard Ériphile avec les autres caractères.

6. Achille est, sans le savoir, au cœur de l'intrigue. Quelles craintes animent ce héros (v. 753-754) ? Quel caractère révèle sa réaction ?

7. L'acte II progresse globalement vers plus de vérité. Dressez un bilan en classant les personnages selon le degré de clairvoyance. Qu'en concluez-vous pour la suite de l'action ?

La dramaturgie

8. Comment s'organise l'acte II (personnages sur scène, thèmes, conflits) ? Quels points communs entretient-il avec l'acte I ?

9. L'unité de lieu est-elle assurée au cours de l'acte ? Comment interpréter la réplique d'Achille au v. 755 ?

Acte III

Scène 1 : AGAMEMNON, CLYTEMNESTRE

CLYTEMNESTRE

Oui, Seigneur, nous partions. Et mon juste courroux
Laissait bientôt Achille et le camp loin de nous.
Ma fille dans Argos courait pleurer sa honte.
770 Mais lui-même étonné d'une fuite si prompte,
Par combien de serments, dont je n'ai pu douter,
Vient-il de me convaincre et de nous arrêter ?
Il presse cet hymen, qu'on prétend qu'il diffère,
Et vous cherche, brûlant d'amour et de colère.
775 Prêt d'[1]imposer silence à ce bruit imposteur[2],
Achille en veut connaître et confondre l'auteur.
Bannissez ces soupçons qui troublaient notre joie.

AGAMEMNON

Madame, c'est assez. Je consens qu'on le croie.
Je reconnais l'erreur qui nous avait séduits[3],
780 Et ressens votre joie autant que je le puis.
Vous voulez que Calchas l'unisse à ma famille.
Vous pouvez à l'autel envoyer votre fille.
Je l'attends. Mais avant que de passer[4] plus loin,
J'ai voulu vous parler un moment sans témoin.
785 Vous voyez en quels lieux vous l'avez amenée.
Tout y ressent[5] la guerre, et non point l'hyménée.

---

1 *Prêt d'* : prêt à.
2 *Bruit imposteur* : rumeur mensongère.
3 *Séduits* : trompés.
4 *Passer* : aller.
5 *Ressent* : porte la marque de.

Le tumulte d'un camp, soldats et matelots,
Un autel hérissé de dards, de javelots,
Tout ce spectacle enfin, pompe[1] digne d'Achille,
790 Pour attirer vos yeux n'est point assez tranquille,
Et les Grecs y verraient l'épouse de leur roi
Dans un état indigne et de vous et de moi.
M'en croirez-vous ? Laissez de vos femmes suivie
À cet hymen sans vous marcher Iphigénie.

CLYTEMNESTRE

795 Qui ? Moi ? Que[2] remettant ma fille en d'autres bras,
Ce que j'ai commencé, je ne l'achève pas ?
Qu'après l'avoir d'Argos amenée en Aulide,
Je refuse à l'autel de lui servir de guide ?
Dois-je donc de Calchas être moins près que vous ?
800 Et qui présentera ma fille à son époux ?
Quelle autre ordonnera cette pompe sacrée ?

AGAMEMNON

Vous n'êtes point ici dans le palais d'Atrée.
Vous êtes dans un camp...

CLYTEMNESTRE

                    Où tout vous est soumis,
Où le sort de l'Asie en vos mains est remis,
805 Où je vois sous vos lois marcher la Grèce entière,
Où le fils de Thétis[3] va m'appeler sa mère.
Dans quel palais superbe et plein de ma grandeur
Puis-je[4] jamais paraître[5] avec plus de splendeur ?

AGAMEMNON

Madame, au nom des dieux auteurs de notre race,
810 Daignez à mon amour accorder cette grâce.
J'ai mes raisons.

---

1 *Pompe* : cérémonie solennelle (voir aussi v. 801). ☞ p. 172.
2 *Que* : vous prétendez que...
3 *Le fils de Thétis* : Achille.
4 *Puis-je* : pourrais-je.
5 *Paraître* : se faire remarquer.

CLYTEMNESTRE

Seigneur, au nom des mêmes dieux,
D'un spectacle si doux ne privez point mes yeux.
Daignez ne point ici rougir de ma présence.

AGAMEMNON

J'avais plus espéré de votre complaisance.
815   Mais puisque la raison ne vous peut émouvoir,
Puisque enfin ma prière a si peu de pouvoir ;
Vous avez entendu ce que je vous demande,
Madame. Je le veux, et je vous le commande.
Obéissez.

Scène 2 : **CLYTEMNESTRE**, *seule.*

D'où vient que d'un soin[1] si cruel
820   L'injuste Agamemnon m'écarte de l'autel ?
Fier de son nouveau rang, m'ose-t-il méconnaître ?
Me croit-il à sa suite indigne de paraître ?
Ou de l'empire[2] encor timide possesseur,
N'oserait-il d'Hélène ici montrer la sœur[3] ?
825   Et pourquoi me cacher ? Et par quelle injustice
Faut-il que sur mon front sa honte rejaillisse ?
Mais n'importe, il le veut, et mon cœur s'y résout.
Ma fille, ton bonheur me console de tout :
Le ciel te donne Achille, et ma joie est extrême
830   De t'entendre nommer... Mais le voici lui-même.

---

1 *D'un soin* : avec une préoccupation. ☞ p. 172.
2 *Empire* : pouvoir.
3 *La sœur* : Clytemnestre. ☞ généalogie, p. 146.

SITUER

Achille, soupçonné d'avoir trahi son amour, a su convaincre Clytemnestre de sa bonne foi : il aime Iphigénie et veut l'épouser. Le piège
d'Agamemnon se resserre ; un seul obstacle subsiste : Clytemnestre.

RÉFLÉCHIR

Stratégies : *Argumenter et convaincre*

1. Quel est l'enjeu du dialogue de la scène 1 pour chacun des inter-
venants ?

2. Pour écarter son épouse de l'autel, Agamemnon met en avant
l'argument de la bienséance (v. 785-792). Quelle autre raison lui
oppose Clytemnestre (v. 795-801) ? Quelle image d'elle-même met-
elle ainsi en avant ?

3. Par quel argument Agamemnon met-il fin à la discussion ? Cela
prouve-t-il sa supériorité ? Pourquoi ?

4. Comment dans la scène 2 Clytemnestre juge-t-elle la décision de
son époux ? Pourquoi s'y conforme-t-elle ?

Style : *Révolte et autorité*

5. Par quelle figure de style se marque l'indignation de Clytemnestre
aux v. 803-806 ? Dites en quoi ce mode d'expression est un moyen
de persuader l'auditeur.

6. Au style périodique (☞ p. 173) de Clytemnestre s'oppose le style
coupé d'Agamemnon. Relevez quelques exemples de phrases brèves.
Sur quel ton faut-il les dire ?

Qui parle ? Qui voit ? : *Les mots mentent*

7. *« Je consens qu'on le croie »* (v. 778). Quelle interprétation don-
nez-vous à cette réponse ambiguë ?

8. Quel double sens est associé au mot *« autel »* (v. 782) ? À quelle
fin Agamemnon joue-t-il sur les mots ?

Dramaturgie : *Les lieux hors scène*

9. Recensez les lieux évoqués dans la scène 1, en distinguant le
proche et le lointain. Que représente Argos par opposition à l'Aulide ?

10. Quelle atmosphère se dégage de l'évocation du camp
(v. 787-788) ? Que vous suggère la proximité des soldats de l'autel ?

Scène 3 : **ACHILLE, CLYTEMNESTRE**

ACHILLE

Tout succède[1], Madame, à mon empressement.
Le roi n'a point voulu d'autre éclaircissement.
Il en croit mes transports[2]. Et sans presque m'entendre,
Il vient en m'embrassant de m'accepter pour gendre.
835 Il ne m'a dit qu'un mot. Mais vous a-t-il conté
Quel bonheur dans le camp vous avez apporté ?
Les dieux vont s'apaiser. Du moins Calchas publie
Qu'avec eux dans une heure il nous réconcilie,
Que Neptune et les vents, prêts à nous exaucer,
840 N'attendent que le sang que sa main va verser.
Déjà dans les vaisseaux la voile se déploie ;
Déjà sur sa parole, ils se tournent vers Troie.
Pour moi, quoique le ciel au gré de mon amour,
Dût encore des vents retarder le retour,
845 Que[3] je quitte à regret la rive fortunée
Où je vais allumer les flambeaux d'hyménée[4],
Puis-je ne point chérir l'heureuse occasion
D'aller du sang[5] troyen sceller notre union,
Et de laisser bientôt, sous Troie ensevelie,
850 Le déshonneur d'un nom, à qui[6] le mien s'allie ?

---

1 *Succède* : réussit.
2 *Transports* : élans de la passion. ☞ p. 172.
3 *Que* : quoique.
4 *Les flambeaux d'hyménée* : les torches du cortège nuptial. ☞ *hymen*, p. 172.
5 *Du sang* : avec le sang.
6 *À qui* : auquel.

Scène 4 : **ACHILLE, CLYTEMNESTRE, IPHIGÉNIE, ÉRIPHILE, DORIS, ÆGINE**

ACHILLE

Princesse, mon bonheur ne dépend que de vous,
Votre père à l'autel vous destine un époux.
Venez y recevoir un cœur qui vous adore.

IPHIGÉNIE

Seigneur, il n'est pas temps que nous partions encore.
La reine permettra que j'ose demander
Un gage à votre amour, qu'il me doit accorder.
Je viens vous présenter une jeune princesse.
Le ciel a sur son front imprimé sa noblesse.
De larmes tous les jours ses yeux sont arrosés.
Vous savez ses malheurs, vous les avez causés.
Moi-même (où m'emportait une aveugle colère !)
J'ai tantôt sans respect affligé sa misère[1].
Que ne puis-je aussi bien, par d'utiles secours
Réparer promptement mes injustes discours !
Je lui prête ma voix, je ne puis davantage,
Vous seul pouvez, Seigneur, détruire votre ouvrage.
Elle est votre captive et ses fers que je plains[2],
Quand vous l'ordonnerez tomberont de ses mains.
Commencez donc par là cette heureuse journée.
Qu'elle puisse à nous voir n'être plus condamnée.
Montrez que je vais suivre au pied de nos autels
Un roi, qui non content d'effrayer les mortels,
À des embrasements ne borne point sa gloire,
Laisse aux pleurs[3] d'une épouse attendrir sa victoire,
Et par les malheureux quelquefois désarmé,
Sait imiter en tout les dieux qui l'ont formé.

---

1 *J'ai tantôt sans respect affligé sa misère* : je l'ai récemment accablée, sans égard pour son infortune.
2 *Ses fers que je plains* : sa captivité que je déplore.
3 *Aux pleurs* : par les pleurs.

ÉRIPHILE

Oui, Seigneur, des douleurs soulagez la plus vive.
La guerre dans Lesbos me fit votre captive,
Mais c'est pousser trop loin ses droits injurieux[1],
880   Qu'y joindre le tourment que je souffre en ces lieux.

ACHILLE

Vous, Madame ?

ÉRIPHILE

Oui, Seigneur. Et sans compter le reste,
Pouvez-vous m'imposer une loi plus funeste[2],
Que de rendre mes yeux les tristes spectateurs
De la félicité de mes persécuteurs ?
885   J'entends de toutes parts menacer ma patrie[3],
Je vois marcher contre elle une armée en furie.
Je vois déjà l'hymen, pour mieux me déchirer,
Mettre en vos mains le feu qui la doit dévorer.
Souffrez que loin du camp, et loin de votre vue,
890   Toujours infortunée et toujours inconnue,
J'aille cacher un sort si digne de pitié,
Et dont mes pleurs encor vous taisent la moitié.

ACHILLE

C'est trop, belle Princesse. Il ne faut que nous suivre.
Venez, qu'aux yeux des Grecs Achille vous délivre,
895   Et que le doux moment de ma félicité
Soit le moment heureux de votre liberté.

---

1 *Injurieux* : injustes. ☞ p. 172.
2 *Funeste* : susceptible d'entraîner la mort.
3 *Ma patrie* : Troie.

SITUER

Achille a obtenu le consentement d'Agamemnon pour son mariage avec Iphigénie. Vers quel épilogue heureux la pièce semble-t-elle s'acheminer ?

RÉFLÉCHIR

Caractères : *Le bonheur des époux*

1. Quels motifs de joie Achille exprime-t-il successivement dans la tirade de la scène 3 ? À qui renvoie « *nous* » aux v. 838-839 ?

2. Comment se marque l'optimisme d'Achille dans sa tirade ? Rapprochez l'anaphore (☞ p. 173) des v. 841-842 de celle des v. 886-887. Quel point de vue chacun des personnages adopte-t-il sur le même événement ?

3. Iphigénie se fait l'avocate d'Ériphile (v. 865). Quel trait de caractère révèle-t-elle ainsi ?

Style : *Le langage précieux*

4. Comparez la brièveté de la réponse d'Agamemnon (v. 835) et la longueur de la réplique d'Achille. Que traduit l'hyperbole (☞ p. 173) du v. 853 ?

5. La métaphore « *allumer les flambeaux d'hyménée* » du v. 846 est reprise par Ériphile aux v. 887-888. Quel sens nouveau y associe-t-elle ? Quelle réponse donne-t-elle ainsi à Achille ?

Genre : *Un dénouement de comédie ?*

6. Quels sont les éléments qui apparentent ces deux scènes à la conclusion d'une comédie ?

7. Quelle signification peut-on associer au chiasme (☞ p. 173) des v. 895-896 ? Cette figure de style pourrait-elle terminer la pièce ? Justifiez votre réponse.

8. Quelle ombre persiste dans ce tableau parfait d'une « *heureuse journée* » (v. 869) ?

Tons : *Tendresse et dureté*

9. Expliquez l'expression « *attendrir sa victoire* » (v. 874). À quelle réplique d'Achille Iphigénie répond-elle ainsi ? Quel rôle joue-t-elle par rapport au guerrier Achille ?

10. « *C'est trop* » (v. 893) : à quel excès le héros fait-il allusion ? Dans quel nouveau rôle entend-il s'illustrer en libérant Ériphile ?

11. À quelle révélation Ériphile est-elle sur le point de se livrer aux v. 879-880 ? Quel prétexte invoque-t-elle finalement pour engager Achille à la délivrer ?

Scène 5 : CLYTEMNESTRE, ACHILLE, IPHIGÉNIE,
ÉRIPHILE, DORIS, ÆGINE, ARCAS

ARCAS

Madame, tout est prêt pour la cérémonie,
Le roi près de l'autel attend Iphigénie,
Je viens la demander. Ou plutôt contre lui,
900 Seigneur, je viens pour elle implorer votre appui.

ACHILLE

Arcas, que dites-vous ?

CLYTEMNESTRE

Dieux ! que vient-il m'apprendre ?

ARCAS, *à Achille.*

Je ne vois plus que vous qui la puisse[1] défendre.

ACHILLE

Contre qui ?

ARCAS

Je le nomme et l'accuse à regret.
Autant que je l'ai pu j'ai gardé son secret.
905 Mais le fer, le bandeau[2], la flamme est[3] toute prête :
Dût tout cet appareil[4] retomber sur ma tête,
Il faut parler.

CLYTEMNESTRE

Je tremble. Expliquez-vous, Arcas.

ACHILLE

Qui que ce soit, parlez, et ne le craignez pas.

ARCAS

Vous êtes son amant[5], et vous êtes sa mère,
910 Gardez-vous d'envoyer la princesse à son père.

---

1 *Qui la puisse* : qui la puissiez.
2 *Bandeau* : ruban qu'on nouait sur la tête de la victime.
3 *Est* : accord avec le sujet le plus proche.
4 *Appareil* : préparatifs.
5 *Amant* : fiancé. ☞ p. 172.

CLYTEMNESTRE
Pourquoi le craindrons-nous ?

ACHILLE
                              Pourquoi m'en défier ?

ARCAS
Il l'attend à l'autel pour la sacrifier.

ACHILLE
Lui !

CLYTEMNESTRE
        Sa fille !

IPHIGÉNIE
                Mon père !

ÉRIPHILE
                        Ô ciel ! quelle nouvelle !

ACHILLE
Quelle aveugle fureur[1] pourrait l'armer contre elle ?
915   Ce discours sans horreur[2] se peut-il écouter ?

ARCAS
Ah, Seigneur ! plût au ciel que je pusse en douter.
Par la voix de Calchas l'oracle la demande.
De toute autre victime il refuse l'offrande ;
Et les dieux, jusque-là protecteurs de Pâris[3],
920   Ne nous promettent Troie et les vents qu'à ce prix.

CLYTEMNESTRE
Les dieux ordonneraient un meurtre abominable ?

IPHIGÉNIE
Ciel ! pour tant de rigueur, de quoi suis-je coupable ?

CLYTEMNESTRE
Je ne m'étonne plus de cet ordre cruel
Qui m'avait interdit l'approche de l'autel.

---

1 *Fureur* : folie furieuse. ☞ p. 172.
2 *Horreur* : effroi. ☞ p. 172.
3 *Pâris* : fils de Priam, qui enleva Hélène.

▲ L'acte III scène 5 dans
la mise en scène
de Yannis Kokkos,
Comédie-Française,
1991.

► Christian Benedetti
(**A**CHILLE)
et Silvia Monfort
(**C**LYTEMNESTRE),
Carré Silvia Monfort,
1987.

IPHIGÉNIE, *à Achille.*

925   Et voilà donc l'hymen où[1] j'étais destinée !

ARCAS

Le roi pour vous tromper feignait cet hyménée[2].
Tout le camp même encore est trompé comme vous.

CLYTEMNESTRE

Seigneur, c'est donc à moi d'embrasser vos genoux.

ACHILLE, *la relevant.*

Ah ! Madame !

CLYTEMNESTRE

Oubliez une gloire[3] importune.
930   Ce triste abaissement convient à ma fortune[4].
Heureuse si mes pleurs vous peuvent attendrir !
Une mère à vos pieds peut tomber sans rougir.
C'est votre épouse, hélas ! qui vous est enlevée.
Dans cet heureux espoir je l'avais élevée.
935   C'est vous que nous cherchions[5] sur ce funeste bord,
Et votre nom, Seigneur, l'a conduite à la mort.
Ira-t-elle des dieux implorant la justice,
Embrasser leurs autels parés pour son supplice ?
Elle n'a que vous seul. Vous êtes en ces lieux
940   Son père, son époux, son asile, ses dieux.
Je lis dans vos regards la douleur qui vous presse[6].
Auprès de votre époux, ma fille, je vous laisse.
Seigneur, daignez m'attendre, et ne la point quitter.
À mon perfide époux, je cours me présenter.
945   Il ne soutiendra point la fureur qui m'anime,
Il faudra que Calchas cherche une autre victime,
Ou si je ne vous puis dérober à leurs coups,
Ma fille, ils pourront bien m'immoler avant vous.

---

1 *Où* : auquel.
2 *Feignait cet hyménée* : faisait croire à ce mariage. ☞ *hymen*, p. 172.
3 *Gloire* : situation brillante.
4 *Fortune* : destinée.
5 *Cherchions* : venions chercher.
6 *La douleur qui vous presse* : la colère qui vous étreint.

SITUER

Alors que tous se préparent pour la cérémonie, un coup de tonnerre retentit dans l'« *heureuse journée* » : un coup de théâtre, en mettant fin aux illusions, replonge la pièce dans l'univers de la tragédie.

RÉFLÉCHIR

Dramaturgie : *Ordre et désordre*

1. Quel est le sens du v. 898 ? Il est situé au milieu de la pièce : en revêt-il une signification particulière ?

2. Divisez la scène en parties distinctes. Quelle impression générale ressort du plan ainsi dégagé ?

3. La révélation d'Arcas bouleverse l'ordre établi. À quelle situation inédite Achille et Clytemnestre se trouvent-ils confrontés (v. 928 et suiv.) ?

Tons : *Surprise et horreur*

4. Au v. 913, les quatre personnages font entendre à la suite un cri de surprise. Quel sens revêt-il pour chacun d'eux ?

5. Précisez en quoi la nouvelle d'Arcas est propre à susciter l'« *horreur* » (☞ p. 172) des assistants (v. 915).

Mise en scène : *Groupes et couples*

6. Pourquoi Arcas occupe-t-il la place centrale sur la photo p. 82 ? Comment les autres personnages sont-ils groupés sur scène ? Quels gestes, quels mouvements accomplissent-ils à l'annonce de la nouvelle ?

7. « *Seigneur, c'est donc à moi d'embrasser vos genoux* » (v. 928) : que signifie ce geste ? Quel geste contraire Achille esquisse-t-il sur la photo au bas de la p. 82 ?

Stratégies : *La fureur et les larmes*

8. Quels sentiments successifs Clytemnestre cherche-t-elle à exciter chez Achille (v. 933 et 939) ? Dans quel but insiste-t-elle sur les marques de deuxième personne ?

9. Clytemnestre cherche à attendrir Achille par ses pleurs (v. 931). Quelle arme emploiera-t-elle contre Agamemnon (v. 945) ? Quelle double image d'elle-même révèle-t-elle ainsi ?

Genre : *La prière*

10. Comment expliquer l'embarras d'Achille au v. 929 ? Son silence a-t-il un sens ? Lequel ?

11. Quelle dimension nouvelle prend Achille, objet de toutes les sollicitations ?

Scène 6 : ACHILLE, IPHIGÉNIE

ACHILLE

Madame, je me tais, et demeure immobile.

950   Est-ce à moi que l'on parle, et connaît-on Achille ?

Une mère pour vous croit devoir me prier :

Une reine à mes pieds se vient humilier.

Et, me déshonorant par d'injustes alarmes,

Pour attendrir mon cœur on a recours aux larmes.

955   Qui doit prendre à vos jours plus d'intérêt que moi ?

Ah ! sans doute[1] on s'en peut reposer sur ma foi[2].

L'outrage me regarde. Et quoi qu'on entreprenne,

Je réponds d'une vie où[3] j'attache la mienne.

Mais ma juste douleur[4] va plus loin m'engager,

960   C'est peu de vous défendre, et je cours vous venger,

Et punir à la fois[5] le cruel stratagème

Qui s'ose de mon nom armer contre vous-même.

IPHIGÉNIE

Ah ! demeurez, Seigneur, et daignez m'écouter.

ACHILLE

Quoi ! Madame ! un barbare osera m'insulter ?

965   Il voit que de sa sœur[6] je cours venger l'outrage ;

Il sait que le premier lui donnant mon suffrage,

Je le fis nommer chef de vingt rois ses rivaux ;

Et pour fruit de mes soins[7], pour fruit de mes travaux[8],

Pour tout le prix enfin d'une illustre victoire,

970   Qui le doit enrichir, venger, combler de gloire,

---

1 *Sans doute* : sans aucun doute.

2 *Foi* : parole donnée. ☞ p. 172.

3 *Où* : à laquelle.

4 *Douleur* : colère.

5 *À la fois* : en même temps.

6 *De sa sœur* : fait à sa sœur.

7 *Mes soins* : efforts.

8 *Travaux* : peines endurées.

Content[1] et glorieux[2] du nom de votre époux,
Je ne lui demandais que l'honneur d'être à vous.
Cependant aujourd'hui, sanguinaire, parjure,
C'est peu de violer l'amitié, la nature,
975   C'est peu que de vouloir sous un couteau mortel
Me montrer votre cœur fumant sur un autel,
D'un appareil[3] d'hymen couvrant ce sacrifice,
Il veut que ce soit moi qui vous mène au supplice ?
Que ma crédule main conduise le couteau ?
980   Qu'au lieu de votre époux je sois votre bourreau ?
Et quel était[4] pour vous ce sanglant hyménée,
Si je fusse arrivé plus tard d'une journée ?
Quoi donc ! à leur fureur livrée en ce moment
Vous iriez à l'autel me chercher vainement,
985   Et d'un fer imprévu vous tomberiez frappée,
En accusant mon nom qui vous aurait trompée ?
Il faut de ce péril, de cette trahison,
Aux yeux de tous les Grecs lui demander raison.
À l'honneur d'un époux vous-même intéressée,
990   Madame, vous devez approuver ma pensée.
Il faut que le cruel qui m'a pu mépriser
Apprenne de quel nom il osait abuser.

IPHIGÉNIE

Hélas ! si vous m'aimez, si pour grâce dernière
Vous daignez d'une amante écouter la prière,
995   C'est maintenant, Seigneur, qu'il faut me le prouver
Car enfin ce cruel, que vous allez braver,
Cet ennemi barbare, injuste, sanguinaire,
Songez, quoi qu'il ait fait, songez qu'il est mon père.

ACHILLE

Lui, votre père ? Après son horrible dessein,
1000   Je ne le connais plus que pour[5] votre assassin.

---

1 *Content* : me contentant de.
2 *Glorieux* : qui tire fierté de.
3 *Appareil* : préparatifs.
4 *Était* : eût été.
5 *Connais... pour* : reconnais comme.

IPHIGÉNIE

C'est mon père, Seigneur, je vous le dis encore.
Mais[1] un père que j'aime, un père que j'adore,
Qui me chérit lui-même, et dont jusqu'à ce jour
Je n'ai jamais reçu que des marques d'amour.
1005   Mon cœur dans ce respect élevé dès l'enfance,
Ne peut que s'affliger de tout ce qui l'offense ;
Et loin d'oser ici par un prompt changement
Approuver la fureur de votre emportement,
Loin que par mes discours je l'attise moi-même,
1010   Croyez qu'il faut aimer autant que je vous aime,
Pour avoir pu souffrir tous les noms odieux,
Dont votre amour le vient d'outrager à mes yeux.
Et pourquoi voulez-vous qu'inhumain, et barbare,
Il ne gémisse pas du coup qu'on me prépare ?
1015   Quel père de son sang se plaît à se priver ?
Pourquoi me perdrait[2]-il, s'il pouvait me sauver ?
J'ai vu, n'en doutez point, ses larmes se répandre.
Faut-il le condamner avant que de l'entendre ?
Hélas ! de tant d'horreurs son cœur déjà troublé
1020   Doit-il de votre haine être encore accablé ?

ACHILLE

Quoi, Madame ! parmi tant de sujets de crainte,
Ce sont là les frayeurs dont vous êtes atteinte ?
Un cruel (comment puis-je autrement l'appeler ?)
Par la main de Calchas s'en va vous immoler ;
1025   Et lorsque à sa fureur j'oppose ma tendresse,
Le soin[3] de son repos est le seul qui vous presse ?
On me ferme la bouche ? On l'excuse ? On le plaint ?
C'est pour lui que l'on tremble, et c'est moi que l'on craint ?
Triste effet de mes soins[4] ! est-ce donc là, Madame,
1030   Tout le progrès qu'Achille avait fait dans votre âme ?

---

1 *Mais* : mais encore.
2 *Perdrait* : ferait périr.
3 *Soin* : souci. ☞ p. 172.
4 *Soins* : attentions d'un amant.

IPHIGÉNIE

Ah, cruel ! cet amour dont vous voulez douter,
Ai-je attendu si tard pour le faire éclater ?
Vous voyez de quel œil, et comme[1] indifférente,
J'ai reçu de ma mort la nouvelle sanglante.
1035   Je n'en ai point pâli. Que n'avez-vous pu voir
À quel excès tantôt allait mon désespoir,
Quand, presque en arrivant[2] un récit peu fidèle
M'a de votre inconstance annoncé la nouvelle ?[3]
Qui sait même, qui sait si le ciel irrité,
1040   A pu souffrir l'excès de ma félicité ?
Hélas ! il me semblait qu'une flamme[4] si belle
M'élevait au-dessus du sort d'une mortelle.

ACHILLE

Ah ! si je vous suis cher, ma Princesse, vivez.

Scène 7 : **CLYTEMNESTRE**, **IPHIGÉNIE**,
ACHILLE, **ÆGINE**

CLYTEMNESTRE

Tout est perdu, Seigneur, si vous ne nous sauvez.
1045   Agamemnon m'évite, et, craignant mon visage,
Il me fait de l'autel refuser le passage[5].

---

1 *Comme* : combien.
2 *En arrivant* : lorsque j'arrivai.
3 Dans les éditions antérieures à 1697, on trouvait ici les vers suivants :
    Quel trouble ! quel torrent de mots injurieux
    Accusait à la fois les hommes et les dieux !
    Ah ! que vous auriez vu, sans que je vous le die,
    De combien votre amour m'est plus cher que ma vie !
4 *Flamme* : passion amoureuse. ☞ p. 172.
5 *Passage* : accès.

Des gardes, que lui-même a pris soin de placer,
Nous ont de toutes parts défendu de passer.
Il me fuit. Ma douleur étonne[1] son audace.

ACHILLE

050   Eh bien ! c'est donc à moi de prendre votre place.
Il me verra, Madame, et je vais lui parler.

IPHIGÉNIE

Ah, Madame !... Ah, Seigneur ! où voulez-vous aller ?

ACHILLE

Et que prétend[2] de moi votre injuste prière ?
Vous faudra-t-il toujours combattre la première[3] ?

CLYTEMNESTRE

055   Quel est votre dessein, ma fille ?

IPHIGÉNIE

                      Au nom des dieux,
Madame, retenez un amant furieux[4].
De ce triste[5] entretien détournons les approches[6].
Seigneur, trop d'amertume aigrirait vos reproches.
Je sais jusqu'où s'emporte un amant irrité ;
060   Et mon père est jaloux de son autorité.
On ne connaît que trop la fierté des Atrides[7].
Laissez parler, Seigneur, des bouches plus timides.
Surpris, n'en doutez point, de mon retardement[8],
Lui-même il me viendra chercher dans un moment.
065   Il entendra gémir une mère oppressée[9] ;
Et que ne pourra point m'inspirer la pensée

---

1 *Étonne* : effraye.
2 *Prétend* : réclame.
3 *Vous faudra-t-il toujours combattre la première ?* : faudra-t-il toujours vous combattre la première ?
4 *Furieux* : en proie à une folle colère.
5 *Triste* : funeste.
6 *Détournons les approches* : évitons l'approche.
7 *Atrides* : les descendants d'Atrée. ☞ p. 145 et 146.
8 *Retardement* : retard.
9 *Oppressée* : accablée de douleur.

De prévenir[1] les pleurs que vous verseriez tous,
D'arrêter vos transports[2], et de vivre pour vous ?

ACHILLE

Enfin vous le voulez. Il faut donc vous complaire.
1070 Donnez-lui l'une et l'autre un conseil salutaire.
Rappelez sa raison, persuadez-le bien,
Pour vous, pour mon repos, et surtout pour le sien.
Je perds trop de moments en des discours frivoles ;
Il faut des actions, et non pas des paroles.
(À Clytemnestre.)
1075 Madame, à vous servir je vais tout disposer.
Dans votre appartement allez vous reposer.
Votre fille vivra, je puis vous le prédire.
Croyez du moins, croyez que tant que je respire,
Les dieux auront en vain ordonné son trépas :
1080 Cet oracle est plus sûr que celui de Calchas.

---

1 *Prévenir* : empêcher de se produire.
2 *Transports* : violente agitation. ☞ p. 172.

Clytemnestre va demander des explications à Agamemnon, laissant Achille et Iphigénie face à face. Comment la jeune fille conciliera-t-elle le respect dû au père et l'amour pour le fiancé ?

RÉFLÉCHIR

Caractères : *Un personnage épique*

1. Pourquoi Iphigénie empêche-t-elle Achille d'aller voir Agamemnon (v. 1057 et suiv.) ? Le héros peut-il se résoudre à l'inaction ?

2. L'« *oracle* » d'Achille (v. 1077-1080) traduit l'assurance du personnage. Sur quoi se fonde-t-il pour défier les dieux ?

3. Le personnage tragique subit le destin. Qu'en est-il d'Achille ? Pourquoi peut-on le qualifier d'*épique* (☞ p. 173) ?

Style : *Rhétorique de l'emportement*

4. Précisez le rythme de la période (☞ p. 173) aux v. 968-970. Comment se justifie la reprise synonymique au v. 968 ?

5. L'image des v. 975-976 est particulièrement expressive. Quel effet produit-elle sur l'auditeur ?

Stratégies : *Une situation inédite*

6. À quel moment de la scène 6 apparaît une possibilité de rupture entre Iphigénie et Achille ? Sur quel point porte le litige ?

7. Iphigénie essaie-t-elle d'excuser la décision de son père ? Précisez son attitude aux v. 1013-1020.

8. Dans quelle situation paradoxale Achille se trouve-t-il par rapport à Iphigénie (v. 1050) ?

Qui parle ? Qui voit ? : *L'enjeu du nom*

9. Relevez les appellations par lesquelles Achille désigne Agamemnon (v. 964-1030). Pourquoi se refuse-t-il à l'appeler par son nom ? Que marque au contraire l'insistance d'Iphigénie à citer le nom de « *père* » ?

10. Achille fait plusieurs fois référence à son « *nom* » (v. 962, 971, 986, 992). Quelle valeur y attache-t-il ?

Thèmes : *Père et amant*

11. Quel rôle se donne Iphigénie à l'égard de son père et d'Achille (v. 1057-1061) ? Pourquoi refuse-t-elle d'être défendue ?

12. Comment peut-on définir l'amour qu'elle prodigue au père et à l'amant (v. 1067-1068) ?

🗂 L'action

1. L'acte III est riche en péripéties (☞ p. 173). Relevez-les et montrez qu'elles renouvellent entièrement l'intrigue.

2. La scène 5 fait basculer les personnages de l'univers de la comédie dans l'univers de la tragédie. Quel moment l'auteur choisit-il pour introduire le messager ? Quel effet recherche-t-il ?

3. L'ironie tragique (☞ p. 173) culmine au v. 897 : quel sens revêt le mot « *cérémonie* » pour les personnages assemblés ? pour Arcas ? Quel est cet « *hymen* » auquel Iphigénie se dit « *destinée* » (v. 925) ?

🗂 Les personnages

4. Iphigénie fait preuve d'une fermeté et d'un sens du devoir hors du commun. Quelles qualités les autres personnages montrent-ils dans l'adversité ?

5. Au cours de l'acte, Achille passe du ton galant au ton épique (☞ p. 173). Quelle nouvelle stratégie de conquête d'Iphigénie ce héros met-il en œuvre ?

6. Que craint Iphigénie ? Quelle nouvelle dimension son indifférence à l'égard de la mort lui confère-t-elle ?

7. Comparez la scène 1 et la scène 7 : le dialogue entre Clytemnestre et Agamemnon est-il encore possible ? Quel obstacle Agamemnon y met-il ? Que signifie ce refus de l'échange verbal ?

🗂 La dramaturgie

8. La révélation d'Arcas n'est pas une surprise pour le spectateur, qui a l'avantage de pouvoir anticiper l'action à venir. Quelle est pour lui la véritable surprise de l'acte ?

9. La tension dramatique se traduit par un resserrement de l'espace. Comment interpréter à cet égard la présence des gardes autour de l'autel (v. 1046-1048) ?

Acte
IV

Scène 1 : ÉRIPHILE, DORIS

DORIS

Ah ! que me dites-vous ? Quelle étrange manie[1]
Vous peut faire envier le sort d'Iphigénie ?
Dans une heure elle expire. Et jamais, dites-vous,
Vos yeux de son bonheur ne furent plus jaloux.
085 Qui le croira, Madame ? Et quel cœur si farouche...

ÉRIPHILE

Jamais rien de plus vrai n'est sorti de ma bouche.
Jamais de tant de soins[2] mon esprit agité
Ne porta plus d'envie à sa félicité.
Favorables périls ! espérance inutile !
090 N'as-tu pas vu sa gloire[3], et le trouble d'Achille ?
J'en ai vu, j'en ai fui les signes trop certains.
Ce héros si terrible au reste des humains,
Qui ne connaît de pleurs que ceux qu'il fait répandre,
Qui s'endurcit[4] contre eux dès l'âge le plus tendre
095 Et qui, si l'on nous fait un fidèle discours[5],
Suça même le sang des lions et des ours[6],

---

1 *Manie* : folie.
2 *Soins* : soucis. ☞ p. 172.
3 *Gloire* : triomphe.
4 *S'endurcit* : le verbe est au passé simple.
5 *Discours* : récit.
6 D'après la légende, le centaure Chiron, qui éleva Achille, le nourrit de la
moelle des sangliers et des ours, et de la chair des lions.

Pour elle de la crainte a fait l'apprentissage :
Elle l'a vu pleurer et changer de visage[1].
Et tu la plains, Doris ! par combien de malheurs
1100 Ne lui voudrais-je point disputer de tels pleurs ?
Quand je devrais comme elle expirer dans une heure...
Mais que dis-je, expirer ? Ne crois pas qu'elle meure.
Dans un lâche sommeil crois-tu qu'enseveli
Achille aura pour elle impunément[2] pâli ?
1105 Achille à son malheur saura bien mettre obstacle.
Tu verras que les dieux n'ont dicté cet oracle
Que pour croître[3] à la fois sa gloire et mon tourment,
Et la rendre plus belle aux yeux de son amant.
Hé quoi ! ne vois-tu pas tout ce qu'on fait pour elle ?
1110 On supprime des dieux la sentence mortelle ;
Et quoique le bûcher soit déjà préparé,
Le nom de la victime est encore ignoré.
Tout le camp n'en sait rien. Doris, à ce silence,
Ne reconnais-tu pas un père qui balance[4] ?
1115 Et que fera-t-il donc ? Quel courage[5] endurci
Soutiendrait les assauts qu'on lui prépare ici ?
Une mère en fureur, les larmes d'une fille,
Les cris, le désespoir de toute une famille,
Le sang[6] à ces objets facile à s'ébranler[7],
1120 Achille menaçant, tout prêt à l'accabler.
Non, te dis-je, les dieux l'ont en vain condamnée,
Je suis et je serai la seule infortunée[8].
Ah ! si je m'en croyais !

DORIS

Quoi ! que méditez-vous ?

---

1 *Changer de visage* : pâlir.
2 *Impunément* : sans en tirer vengeance.
3 *Croître* : accroître.
4 *Balance* : hésite.
5 *Courage* : cœur.
6 *Sang* : instinct de la famille. ☞ p. 172.
7 *À ces objets facile à s'ébranler* : qui s'émeut facilement à ce spectacle.
8 *Infortunée* : victime d'un destin contraire.

ÉRIPHILE

Je ne sais qui[1] m'arrête et retient mon courroux,
125 Que[2] par un prompt avis de tout ce qui se passe
Je ne coure des dieux divulguer la menace,
Et publier partout les complots criminels
Qu'on fait ici contre eux et contre leurs autels.

DORIS

Ah ! quel dessein, Madame !

ÉRIPHILE

Ah, Doris, quelle joie !
130 Que d'encens brûlerait dans les temples de Troie,
Si troublant tous les Grecs, et vengeant ma prison[3],
Je pouvais contre Achille armer Agamemnon ;
Si leur haine, de Troie oubliant la querelle,
Tournait contre eux le fer qu'ils aiguisent contre elle,
135 Et si de tout le camp mes avis dangereux
Faisaient à ma patrie un sacrifice heureux.

DORIS

J'entends du bruit. On vient. Clytemnestre s'avance.
Remettez-vous, Madame, ou fuyez sa présence.

ÉRIPHILE

Rentrons. Et pour troubler un hymen odieux,
140 Consultons des fureurs[4] qu'autorisent les dieux.

---

1 *Qui* : ce qui.
2 *Que* : et empêche que.
3 *Ma prison* : ma captivité.
4 *Consultons des fureurs...* : suivons les conseils d'une fureur.

Tout le monde plaint le sort d'Iphigénie ; seule Ériphile s'abandonne à sa jalousie. Quels sentiments inavouables d'amour et de haine celle-ci laissera-t-elle échapper ?

RÉFLÉCHIR

Caractères : *La passion, une folie destructrice*

1. Qu'entend Doris par la *« manie »* d'Ériphile (v. 1081) ? Comment interpréter son désir de mort ?

2. Quel est ce *« sacrifice heureux »* qu'évoque Ériphile (v. 1136) ? Quelle progression caractérise sa folie destructrice ?

3. *« Remettez-vous, Madame »* (v. 1138) : dans quel état se trouve Ériphile ? Quelle caractéristique supplémentaire de la passion tragique nous est ici fournie ?

Genre : *L'aveu de la haine*

4. Reconstituez les étapes de la tirade d'Ériphile dans les v. 1086-1122. En considérant le point de départ et le point d'arrivée, dites s'il y a progression et si oui, de quelle nature.

5. Relevez dans les v. 1090-1109 les occurrences et les temps du verbe *voir*. Que signifie le passage du passé au futur, puis au présent ?

Thèmes : *La conscience tragique*

6. De quelle certitude (v. 1122) l'incertitude du sacrifice (v. 1112) s'accompagne-t-elle chez Ériphile ? Comment celle-ci prend-elle conscience de son destin tragique ?

7. Le spectateur croit-il encore que l'initiative des personnages peut influer sur le cours des événements ? Pourquoi ?

Tons : *Modulations*

8. Comment le v. 1129 est-il construit ? Sur quels tons différents faut-il lire les deux exclamations ? Quel effet résulte de leur juxtaposition ?

9. Quels différents tons Ériphile emploie-t-elle au cours de la scène ? Montrez qu'il y a progression du désespoir à l'espoir.

Stratégies : *Le dessein et les motifs*

10. Précisez en quoi consiste le *« dessein »* (v. 1129) d'Ériphile. Quelles conséquences en découleraient pour les Grecs d'une part, pour Troie d'autre part ?

11. Par quels sentiments Ériphile justifie-t-elle son initiative ? Sa *« joie »* (v. 1129) n'a-t-elle pas en réalité une autre origine ? Justifiez votre réponse.

Scène 2 : CLYTEMNESTRE, ÆGINE

CLYTEMNESTRE

Ægine, tu le vois, il faut que je la fuie :
Loin que ma fille pleure, et tremble pour sa vie,
Elle excuse son père, et veut que ma douleur
Respecte encor la main qui lui perce le cœur.
145 Ô constance ! ô respect ! pour prix de sa tendresse,
Le barbare à l'autel se plaint de sa paresse[1].
Je l'attends. Il viendra m'en demander raison[2],
Et croit pouvoir encor cacher sa trahison.
Il vient. Sans éclater contre son injustice,
150 Voyons s'il soutiendra son indigne artifice.

Scène 3 : AGAMEMNON, CLYTEMNESTRE, ÆGINE

AGAMEMNON

Que faites-vous, Madame ? Et d'où vient que ces lieux
N'offrent point avec vous votre fille à mes yeux ?
Mes ordres par Arcas vous l'avaient demandée.
Qu'attend-elle ? Est-ce vous qui l'avez retardée ?
155 À mes justes désirs ne vous rendez-vous pas ?
Ne peut-elle à l'autel marcher que sur vos pas ?
Parlez.

CLYTEMNESTRE

S'il faut partir, ma fille est toute prête.
Mais vous, n'avez-vous rien, Seigneur, qui vous arrête ?

AGAMEMNON

Moi, Madame ?

---

1 *Paresse* : lenteur.
2 *Demander raison* : demander la raison.

CLYTEMNESTRE

Vos soins ont-ils tout préparé ?

AGAMEMNON

1160   Calchas est prêt, Madame, et l'autel est paré.
J'ai fait ce que m'ordonne un devoir légitime.

CLYTEMNESTRE

Vous ne me parlez point, Seigneur, de la victime.

AGAMEMNON

Que me voulez-vous dire ? Et de quel soin jaloux[1]...

Scène 4 : AGAMEMNON, CLYTEMNESTRE, IPHIGÉNIE, ÆGINE

CLYTEMNESTRE

Venez, venez, ma fille, on n'attend plus que vous,
1165   Venez remercier un père qui vous aime,
Et qui veut à l'autel vous conduire lui-même.

AGAMEMNON

Que vois-je ? Quel discours ! ma fille, vous pleurez,
Et baissez devant moi vos yeux mal assurés.
Quel trouble ! mais tout pleure, et la fille et la mère.
1170   Ah ! malheureux Arcas, tu m'as trahi.

IPHIGÉNIE

Mon père,
Cessez de vous troubler, vous n'êtes point trahi.
Quand vous commanderez, vous serez obéi.
Ma vie est votre bien. Vous voulez le reprendre ;
Vos ordres sans détour pouvaient se faire entendre.
1175   D'un œil aussi content[2], d'un cœur aussi soumis
Que j'acceptais l'époux que vous m'aviez promis,
Je saurai, s'il le faut, victime obéissante,

---

1 *Soin jaloux* : zèle indiscret.
2 *D'un œil aussi content* : d'un air aussi satisfait.

Tendre au fer de Calchas une tête innocente,
Et respectant le coup par vous-même ordonné,
180 Vous rendre tout le sang que vous m'avez donné.
Si pourtant ce respect, si cette obéissance
Paraît digne à vos yeux d'une autre récompense,
Si d'une mère en pleurs vous plaignez les ennuis[1],
J'ose vous dire ici qu'en l'état où je suis,
185 Peut-être assez d'honneurs environnaient ma vie,
Pour ne pas souhaiter qu'elle me fût ravie,
Ni qu'en me l'arrachant un sévère[2] destin
Si près de ma naissance, en eût marqué la fin.
Fille d'Agamemnon, c'est moi qui la première,
190 Seigneur, vous appelai de ce doux nom de père.
C'est moi qui si longtemps le plaisir de vos yeux,
Vous ai fait de ce nom remercier les dieux,
Et pour qui tant de fois prodiguant vos caresses,
Vous n'avez point du sang[3] dédaigné les faiblesses.
195 Hélas ! avec plaisir je me faisais conter
Tous les noms des pays que vous allez dompter ;
Et déjà d'Ilion présageant la conquête,
D'un triomphe si beau je préparais la fête.
Je ne m'attendais pas que pour le commencer,
200 Mon sang fût le premier que vous dussiez verser.
Non que la peur du coup, dont je suis menacée,
Me fasse rappeler[4] votre bonté passée.
Ne craignez rien. Mon cœur de votre honneur jaloux[5]
Ne fera point rougir un père tel que vous,
205 Et si je n'avais eu que ma vie à défendre,
J'aurais su renfermer un souvenir si tendre.
Mais à mon triste sort, vous le savez, Seigneur,
Une mère, un amant[6] attachaient leur bonheur.
Un roi digne de vous a cru voir la journée

---

1 *Les ennuis* : le désespoir.
2 *Sévère* : cruel.
3 *Sang* : instinct de la famille. ☞ p. 172.
4 *Rappeler* : rappeler le souvenir de.
5 *Jaloux* : particulièrement attaché à.
6 *Amant* : fiancé. ☞ p. 172.

1210 Qui devait éclairer notre illustre hyménée.
Déjà, sûr de mon cœur à sa flamme promis,
Il s'estimait heureux, vous me l'¹aviez permis.
Il sait votre dessein, jugez de ses alarmes.
Ma mère est devant vous, et vous voyez ses larmes.
1215 Pardonnez aux efforts que je viens de tenter,
Pour prévenir les pleurs que je leur vais coûter.

AGAMEMNON

Ma fille, il² est trop vrai. J'ignore pour quel crime
La colère des dieux demande une victime,
Mais ils vous ont nommée. Un oracle cruel
1220 Veut qu'ici votre sang coule sur un autel.
Pour défendre vos jours de³ leurs lois meurtrières,
Mon amour n'avait pas attendu vos prières.
Je ne vous dirai point combien j'ai résisté.
Croyez-en cet amour par vous-même attesté⁴.
1225 Cette nuit même encore (on a pu vous le dire)
J'avais révoqué l'ordre où l'on me fit souscrire⁵.
Sur l'intérêt des Grecs vous l'aviez emporté.
Je vous sacrifiais mon rang, ma sûreté.
Arcas allait du camp vous défendre l'entrée.
1230 Les dieux n'ont pas voulu qu'il vous ait rencontrée.
Ils ont trompé les soins⁶ d'un père infortuné
Qui protégeait en vain ce qu'ils ont condamné.
Ne vous assurez point sur⁷ ma faible puissance.
Quel frein pourrait d'un peuple arrêter la licence,
1235 Quand les dieux, nous livrant à son zèle indiscret⁸,
L'affranchissent d'un joug qu'il portait à regret ?
Ma fille, il faut céder. Votre heure est arrivée.
Songez bien dans quel rang vous êtes élevée.

---

1 *L'* : de lui donner le droit de s'estimer heureux.
2 *Il* : cela.
3 *De* : contre.
4 *Attesté* : pris à témoin.
5 *Où l'on me fit souscrire* : que l'on m'avait obligé de donner.
6 *Soins* : précautions. ☞ p. 172.
7 *Ne vous assurez point sur* : ne mettez pas votre confiance en.
8 *Indiscret* : sans mesure ni retenue.

Je vous donne un conseil, qu'à peine je reçoi[1].
240 Du coup qui vous attend vous mourrez moins que moi.
Montrez en expirant de qui vous êtes née.
Faites rougir ces dieux qui vous ont condamnée.
Allez. Et que les Grecs, qui vont vous immoler,
Reconnaissent mon sang en le voyant couler.

CLYTEMNESTRE

245 Vous ne démentez point une race funeste[2],
Oui, vous êtes le sang d'Atrée et de Thyeste.
Bourreau de votre fille, il ne vous reste enfin
Que d'en faire à sa mère un horrible festin[3].
Barbare ! c'est donc là cet heureux sacrifice
250 Que vos soins préparaient avec tant d'artifice !
Quoi ! l'horreur de souscrire à cet ordre inhumain
N'a pas, en le traçant[4], arrêté votre main ?
Pourquoi feindre à nos yeux une fausse tristesse ?
Pensez-vous par des pleurs prouver votre tendresse ?
255 Où sont-ils, ces combats que vous avez rendus[5] ?
Quels flots de sang pour elle avez-vous répandus ?
Quel débris[6] parle ici de votre résistance ?
Quel champ couvert de morts me condamne au silence ?
Voilà par quels témoins[7] il fallait me prouver,
260 Cruel, que votre amour a voulu la sauver.
Un oracle fatal[8] ordonne qu'elle expire !
Un oracle dit-il tout ce qu'il semble dire ?
Le ciel, le juste ciel, par le meurtre honoré
Du sang de l'innocence est-il donc altéré ?
265 Si du crime d'Hélène on punit sa famille,
Faites chercher à Sparte Hermione sa fille.

---

1 *Qu'à peine je reçoi* : qu'avec peine je reçois.
2 *Funeste* : meurtrière. ☞ p. 172.
3 Atrée, le père d'Agamemnon, tua les deux fils de son frère Thyeste, et les lui fit manger. ☞ p. 145.
4 *En le traçant* : tandis que vous le traciez.
5 *Rendus* : livrés.
6 *Débris* : ruines.
7 *Témoins* : preuves.
8 *Fatal* : qui cause la mort. ☞ p. 172.

Laissez à Ménélas racheter d'un tel prix
Sa coupable moitié[1], dont il est trop épris.
Mais vous, quelles fureurs[2] vous rendent sa victime ?
1270 Pourquoi vous imposer la peine de son crime ?
Pourquoi moi-même enfin me déchirant le flanc,
Payer sa folle amour[3] du plus pur de mon sang ?
Que dis-je ? Cet objet de tant de jalousie
Cette Hélène qui trouble et l'Europe et l'Asie,
1275 Vous semble-t-elle un prix digne de vos exploits ?
Combien nos fronts pour elle ont-ils rougi de fois ?
Avant qu'un nœud fatal l'unît à votre frère,
Thésée[4] avait osé l'enlever à son père.
Vous savez, et Calchas mille fois vous l'a dit,
1280 Qu'un hymen clandestin mit ce prince en son lit ;
Et qu'il en eut pour gage une jeune princesse,
Que sa mère a cachée au reste de la Grèce.
Mais non, l'amour d'un frère, et son honneur blessé
Sont les moindres des soins[5], dont vous êtes pressé[6].
1285 Cette soif de régner, que rien ne peut éteindre,
L'orgueil de voir vingt rois vous servir et vous craindre,
Tous les droits de l'empire[7] en vos mains confiés,
Cruel, c'est à ces dieux que vous sacrifiez ;
Et loin de repousser le coup qu'on vous prépare,
1290 Vous voulez vous en faire un mérite barbare.
Trop jaloux d'un pouvoir qu'on peut vous envier,
De votre propre sang vous courez le payer,
Et voulez par ce prix épouvanter l'audace
De quiconque vous peut disputer votre place.
1295 Est-ce donc être père ? Ah ! toute ma raison
Cède à la cruauté de cette trahison.

---

1 *Moitié* : épouse. ☞ généalogie, p. 146.
2 *Fureurs* : égarement.
3 *Folle amour* : le mot est souvent féminin au XVIIe s.
4 *Thésée* : roi d'Athènes.
5 *Soins* : soucis. ☞ p. 172.
6 *Pressé* : tourmenté.
7 *Empire* : pouvoir souverain.

Un prêtre[1] environné d'une foule cruelle,
Portera sur ma fille une main criminelle ?
Déchirera son sein ? Et d'un œil curieux,
300   Dans son cœur palpitant consultera les dieux ?
Et moi, qui l'amenai triomphante, adorée,
Je m'en retournerai, seule et désespérée ?
Je verrai les chemins encor tout parfumés
Des fleurs, dont sous ses pas on les avait semés ?
305   Non, je ne l'aurai point amenée au supplice,
Ou vous ferez aux Grecs un double sacrifice.
Ni crainte, ni respect ne m'en peut détacher.
De mes bras tout sanglants il faudra l'arracher.
Aussi barbare époux qu'impitoyable père,
310   Venez, si vous l'osez, la ravir à sa mère.
Et vous, rentrez, ma fille, et du moins à mes lois[2]
Obéissez encor pour la dernière fois.

Scène 5 : **AGAMEMNON**, *seul.*

À de moindres fureurs je n'ai pas dû m'attendre[3].
Voilà, voilà les cris que je craignais d'entendre.
315   Heureux, si dans le trouble, où flottent mes esprits[4],
Je n'avais toutefois à craindre que ses cris !
Hélas ! en m'imposant une loi si sévère[5],
Grands dieux ! me deviez-vous laisser un cœur de père ?

---

1 *Un prêtre* : Calchas.
2 *Mes lois* : mes ordres.
3 *Je n'ai pas dû m'attendre* : je n'avais pas à m'attendre.
4 *Mes esprits* : pluriel fréquent au XVIIᵉ s.
5 *Sévère* : cruelle.

SITUER

Agamemnon trouve Clytemnestre seule, bientôt rejointe par Iphigénie. Le roi se laissera-t-il fléchir par cet ultime recours en grâce ?

RÉFLÉCHIR

Stratégies : *Dialogue du père et de la fille*
La prière d'Iphigénie (v. 1170-1216)

1. La formulation de la prière d'Iphigénie aux v. 1184-1186 vous
paraît-elle claire ? Par quelle tournure est-elle affaiblie ? Pourquoi
cette atténuation ?

2. Relevez dans les vers 1170-1180 le vocabulaire de l'autorité,
exercée ou subie. Comment Iphigénie l'entend-elle ?

3. Quel malentendu le balancement *« non ... mais »* (v. 1201-1207)
tend-il à dissiper ? De qui Iphigénie se fait-elle l'interprète ? En quoi
cette situation est-elle émouvante ?

La réponse d'Agamemnon (v. 1217-1244)

4. Dégagez le plan de la réponse d'Agamemnon. Quelles sont les
deux puissances adverses auxquelles le roi doit faire face ?

5. Aux v. 1225-1226 Agamemnon fait référence à la lettre qu'il a
voulu faire porter à Clytemnestre (v. 149 et suiv.), tentative qui a
échoué. Pourquoi ce rappel ?

6. Pourquoi Agamemnon insiste-t-il sur la volonté des dieux
(v. 1217-1220) ? Que cherche-t-il à prouver ?

7. Dans quel sens faut-il comprendre les mots *« sacrifier »* (v. 1228)
et *« mourir »* (v. 1240) ? Dans quelle intention Agamemnon les
emploie-t-il ?

Caractères : *Les deux facettes d'Agamemnon*

8. Quelle image d'Agamemnon se dégage de l'évocation de l'enfance
d'Iphigénie (v. 1189-1200) ? Quel sentiment fait-elle naître chez les
personnages ? chez le spectateur ?

9. Quel nouveau visage d'Agamemnon le rappel de l'histoire de
Thyeste (v. 1246) fait-il surgir ? Est-il compatible avec celui qu'en
donnait Iphigénie ? Justifiez votre réponse.

10. Quelle accusation grave Clytemnestre porte-t-elle contre Agamemnon (v. 1253) ? Sur quelles preuves se fonde-t-elle ?

Tons : *La colère de Clytemnestre (v. 1245-1312)*

11. Quelle marque de ponctuation domine dans les v. 1251-1275 ?
Clytemnestre attend-elle une réponse ? Pourquoi alors ces questions ?

12. Les v. 1301-1304 sont particulièrement poignants. Quel sentiment excitent-ils chez le spectateur ? Ce ton pathétique (☞ p. 173),
d'un effet certain au XVIIᵉ s., nous touche-t-il encore ? Pourquoi ?

Scène 6 : **ACHILLE, AGAMEMNON**

ACHILLE

Un bruit assez étrange est venu jusqu'à moi,
320 Seigneur, je l'ai jugé trop peu digne de foi.
On dit, et sans horreur[1] je ne puis le redire,
Qu'aujourd'hui par votre ordre Iphigénie expire,
Que vous-même, étouffant tout sentiment humain,
Vous l'allez à Calchas livrer de votre main.
325 On dit que sous mon nom à l'autel appelée,
Je ne l'y conduisais que pour être immolée[2],
Et que d'un faux hymen nous abusant tous deux,
Vous vouliez me charger d'un emploi si honteux.
Qu'en dites-vous, Seigneur ? Que faut-il que j'en pense ?
330 Ne ferez-vous pas taire un bruit qui vous offense ?

AGAMEMNON

Seigneur, je ne rends point compte de mes desseins :
Ma fille ignore encor mes ordres souverains ;
Et quand il sera temps qu'elle en soit informée,
Vous apprendrez son sort, j'en instruirai l'armée.

ACHILLE

335 Ah ! je sais trop le sort que vous lui réservez.

AGAMEMNON

Pourquoi le demander, puisque vous le savez ?

ACHILLE

Pourquoi je le demande ? Ô ciel ! le[3] puis-je croire,
Qu'on ose des fureurs avouer la plus noire ?
Vous pensez qu'approuvant vos desseins odieux
340 Je vous laisse immoler votre fille à mes yeux ?
Que ma foi[4], mon amour, mon honneur y consente[5] ?

---

1 *Horreur* : sensation d'effroi. ☞ p. 172.
2 *Pour être immolée* : pour qu'elle fût immolée.
3 Le pronom *le* annonce la proposition qui suit.
4 *Foi* : fidélité.
5 *Consente* : accord avec le sujet le plus proche.

AGAMEMNON

Mais vous, qui me parlez d'une voix menaçante,
Oubliez-vous ici qui vous interrogez ?

ACHILLE

Oubliez-vous que j'aime, et qui vous outragez ?

AGAMEMNON

1345 Et qui vous a chargé du soin de ma famille ?
Ne pourrai-je sans vous, disposer de ma fille ?
Ne suis-je plus son père ? Êtes-vous son époux ?
Et ne peut-elle...

ACHILLE

Non, elle n'est plus à vous.
On ne m'abuse point par des promesses vaines.
1350 Tant qu'un reste de sang coulera dans mes veines,
Vous deviez à mon sort unir tous ses moments,
Je défendrai mes droits fondés sur vos serments.
Et n'est-ce pas pour moi que vous l'avez mandée ?

AGAMEMNON

Plaignez-vous donc aux dieux qui me l'ont demandée,
1355 Accusez et Calchas et le camp tout entier,
Ulysse, Ménélas, et vous tout le premier.

ACHILLE

Moi !

AGAMEMNON

Vous, qui de l'Asie embrassant la conquête[1],
Querellez[2] tous les jours le ciel qui vous arrête ;
Vous, qui vous offensant de mes justes terreurs,
1360 Avez dans tout le camp répandu vos fureurs.
Mon cœur pour la sauver vous ouvrait une voie.
Mais vous ne demandez, vous ne cherchez que Troie.
Je vous fermais le champ, où vous voulez courir.
Vous le voulez, partez, sa mort va vous l'ouvrir.

---

1 *Embrassant la conquête* : rêvant de conquérir.
2 *Querellez* : accusez.

ACHILLE

1365 Juste ciel ! puis-je entendre et souffrir ce langage ?
Est-ce ainsi qu'au parjure on ajoute l'outrage ?
Moi, je voulais partir aux dépens de ses jours ?
Et que m'a fait à moi cette Troie où[1] je cours ?
Au pied de ses remparts quel intérêt m'appelle ?
1370 Pour qui, sourd à la voix d'une mère immortelle,
Et d'un père éperdu négligeant les avis[2],
Vais-je y chercher la mort tant prédite à leur fils ?
Jamais vaisseaux partis des rives du Scamandre[3]
Aux champs thessaliens[4] osèrent-ils descendre ?
1375 Et jamais dans Larisse[5] un lâche ravisseur
Me vint-il enlever ou ma femme, ou ma sœur ?
Qu'ai-je[6] à me plaindre ? Où sont les pertes que j'ai faites ?
Je n'y vais que pour vous, barbare que vous êtes,
Pour vous, à qui des Grecs moi seul[7] je ne dois rien,
1380 Vous, que j'ai fait nommer et leur chef, et le mien,
Vous, que mon bras vengeait dans Lesbos enflammée,
Avant que vous eussiez assemblé votre armée.
Et quel fut le dessein qui nous assembla tous ?
Ne courons-nous pas rendre Hélène à son époux ?
1385 Depuis quand pense-t-on qu'inutile à moi-même
Je me laisse ravir une épouse que j'aime ?
Seul d'un honteux affront votre frère blessé
A-t-il droit[8] de venger son amour offensé ?
Votre fille me plut, je prétendis[9] lui plaire,
1390 Elle est de mes serments seule dépositaire.
Content de son hymen, vaisseaux, armes, soldats,
Ma foi[10] lui promit tout, et rien à Ménélas.

---

1 *Où* : vers laquelle.
2 *Thétis et Pélée*, les parents d'Achille. ☞ p. 171.
3 *Scamandre* : le Xanthe, fleuve de Troade. ☞ carte, p. 146.
4 *Champs thessaliens* : plaine de Thessalie.
5 *Larisse* : ville de Thessalie, capitale d'Achille. ☞ carte, p. 146.
6 *Qu'ai-je* : de quoi ai-je.
7 *À qui des Grecs moi seul* : à qui, moi seul de tous les Grecs, je...
8 *A-t-il droit* : a-t-il le droit.
9 *Prétendis* : aspirai à.
10 *Foi* : amour.

Qu'il poursuive, s'il veut, son épouse enlevée,
Qu'il cherche une victoire à mon sang réservée.
1395　Je ne connais Priam, Hélène, ni Pâris ;
Je voulais votre fille, et ne pars qu'à ce prix.

AGAMEMNON

Fuyez donc. Retournez dans votre Thessalie.
Moi-même je vous rends le serment qui vous lie.
Assez d'autres viendront, à mes ordres soumis,
1400　Se couvrir des lauriers qui vous furent promis,
Et par d'heureux exploits forçant[1] la destinée,
Trouveront d'Ilion la fatale[2] journée.
J'entrevois[3] vos mépris, et juge à[4] vos discours
Combien j'achèterais[5] vos superbes[6] secours.
1405　De la Grèce déjà vous vous rendez l'arbitre,
Ses rois, à vous ouïr, m'ont paré d'un vain titre.
Fier de votre valeur, tout, si je vous en crois,
Doit marcher, doit fléchir, doit trembler sous vos lois.
Un bienfait reproché tint toujours lieu d'offense.
1410　Je veux moins de valeur, et plus d'obéissance.
Fuyez. Je ne crains point votre impuissant courroux.
Et je romps tous les nœuds qui m'attachent à vous.

ACHILLE

Rendez grâce au seul nœud qui retient ma colère.
D'Iphigénie encor je respecte le père.
1415　Peut-être sans ce nom, le chef de tant de rois
M'aurait osé braver pour la dernière fois.
Je ne dis plus qu'un mot, c'est à vous de m'entendre[7] :
J'ai votre fille ensemble et ma gloire[8] à défendre.
Pour aller jusqu'au cœur que vous voulez percer
1420　Voilà par quels chemins vos coups doivent passer.

---

1 *Forçant* : triomphant de.
2 *Fatale* : marquée par le destin.
3 *J'entrevois* : je prévois.
4 *À* : d'après.
5 *Combien j'achèterais* : à quel prix il me faudra acheter.
6 *Superbes* : orgueilleux.
7 *Entendre* : comprendre.
8 *Ensemble et ma gloire* : en même temps que ma réputation.

SITUER

Ni la prière d'Iphigénie ni les reproches de Clytemnestre n'ont changé la résolution d'Agamemnon. Sur quel ton Achille s'adressera-t-il au roi, et avec quel résultat ?

RÉFLÉCHIR

Stratégies : *La guerre au centre du débat*

1. Quelle raison Achille donne-t-il de sa participation à l'expédition contre Troie ?

2. Le parallèle que trace Achille entre sa situation et celle d'Hélène et Ménélas (v. 1383-1388) est-il acceptable du point de vue d'Agamemnon ? Pourquoi ce rapprochement est-il audacieux ?

3. Dans quel vers Achille pose-t-il ses conditions ? En quoi peut-on dire qu'il s'agit d'un ultimatum ?

4. Sur quels motifs (v. 1403-1410) Agamemnon rompt-il avec Achille ? Sa justification vous paraît-elle sincère ? Pourquoi ?

Genre : *La révolte et l'offense*

5. Au début du dialogue, sur quel ton Agamemnon s'exprime-t-il ? Quelle différence sociale entre les deux hommes explique cette attitude ?

6. Quel droit Achille revendique-t-il au v. 1344, qui répond terme à terme au v. 1343 ?

7. Au v. 1348, Achille interrompt Agamemnon. Quel nouveau rapport de forces est ainsi institué dans le dialogue ?

8. Reconstituez les étapes de la scène 6, en montrant la progression du dialogue vers l'affrontement.

Thèmes : *L'amour-propre*

9. Quels mots prononcés par Agamemnon dans les v. 1397-1412 sont particulièrement blessants pour Achille ? À quel sentiment de ce héros portent-ils atteinte ?

10. *« J'ai votre fille ensemble et ma gloire à défendre »* (v. 1418). Montrez que l'engagement amoureux se confond avec l'honneur.

Mise en scène : *Un duel verbal*

11. *« Voilà par quels chemins vos coups doivent passer »* (v. 1420). De quel geste Achille accompagne-t-il cette parole ?

12. Comment imaginez-vous l'attitude des deux hommes durant l'entretien (maintien, gestes, regards, distance entre eux) ?

Scène 7 : AGAMEMNON, *seul.*

Et voilà ce qui rend sa perte[1] inévitable.
Ma fille toute seule était plus redoutable.
Ton insolent amour, qui croit m'épouvanter,
Vient de hâter le coup que tu veux arrêter.
1425 Ne délibérons plus. Bravons sa violence.
Ma gloire intéressée[2] emporte la balance.
Achille menaçant[3] détermine mon cœur.
Ma pitié semblerait un effet de ma peur.
Holà, gardes, à moi !

Scène 8 : AGAMEMNON, EURYBATE, GARDES

EURYBATE

Seigneur.

AGAMEMNON

Que vais-je faire ?
1430 Puis-je leur prononcer cet ordre sanguinaire ?
Cruel ! à quel combat faut-il te préparer ?
Quel est cet ennemi que tu leur vas livrer ?
Une mère m'attend, une mère intrépide
Qui défendra son sang contre un père homicide.
1435 Je verrai mes soldats, moins barbares que moi,
Respecter dans ses bras la fille de leur roi.
Achille nous menace, Achille nous méprise.

---

1 *Perte* : mort.
2 *Ma gloire intéressée* : l'intérêt de mon honneur.
3 *Achille menaçant* : les menaces d'Achille.

Mais ma fille en est-elle à mes lois moins soumise ?
Ma fille, de l'autel cherchant à s'échapper,
1440 Gémit-elle du coup dont je la veux frapper ?
Que dis-je ? Que prétend[1] mon sacrilège zèle ?
Quels vœux en l'immolant formerai-je sur elle[2] ?
Quelques prix glorieux qui me soient proposés,
Quels lauriers me plairont de son sang arrosés ?
1445 Je veux fléchir des dieux la puissance suprême.
Ah ! quels dieux me seraient plus cruels que moi-même ?
Non, je ne puis. Cédons au sang, à l'amitié[3],
Et ne rougissons plus d'une juste pitié.
Qu'elle vive. Mais quoi ! peu jaloux de ma gloire,
1450 Dois-je au superbe[4] Achille accorder la victoire ?
Son téméraire orgueil, que je vais redoubler,
Croira que je lui cède, et qu'il m'a fait trembler.
De quel frivole soin[5] mon esprit s'embarrasse !
Ne puis-je pas d'Achille humilier l'audace ?
1455 Que ma fille à ses yeux soit un sujet d'ennui[6].
Il l'aime. Elle vivra pour un autre que lui.
Eurybate, appelez la princesse, la reine.
Qu'elles ne craignent point.

◀ *Photo p. 111 :*
Michel Favory (AGAMEMNON) dans la mise en scène de Yannis Kokkos,
Comédie-Française, 1991.

1 *Prétend* : espère.
2 *Sur elle* : à son sujet.
3 *Amitié* : affection.
4 *Superbe* : orgueilleux.
5 *Soin* : préoccupation.
6 *Ennui* : tourment.

Scène 9 : **AGAMEMNON, GARDES**

AGAMEMNON

                Grands dieux, si votre haine
Persévère[1] à vouloir l'arracher de mes mains,
460   Que peuvent devant vous tous les faibles humains ?
Loin de la secourir, mon amitié[2] l'opprime[3],
Je le sais. Mais, grands dieux, une telle victime
Vaut bien que confirmant vos rigoureuses lois,
Vous me la demandiez une seconde fois.

Scène 10 : **AGAMEMNON, CLYTEMNESTRE,**
IPHIGÉNIE, ÉRIPHILE,
EURYBATE, DORIS, GARDES

AGAMEMNON

465   Allez, Madame, allez, prenez soin de sa vie.
Je vous rends votre fille, et je vous la confie.
Loin de ces lieux cruels précipitez ses pas.
Mes gardes vous suivront, commandés par Arcas.
Je veux bien excuser son heureuse imprudence.
470   Tout dépend du secret et de la diligence.
Ulysse ni Calchas n'ont point encor parlé.
Gardez[4] que ce départ ne leur soit révélé.
Cachez bien votre fille, et que tout le camp croie
Que je la retiens seule, et que je vous renvoie.
475   Fuyez. Puissent les dieux, de mes larmes contents[5],
À mes tristes regards ne l'offrir de longtemps !

---

1 *Persévère* : persiste.
2 *Amitié* : affection.
3 *Opprime* : accable.
4 *Gardez* : prenez garde.
5 *Contents* : se contentant.

Gardes, suivez la reine.

CLYTEMNESTRE

Ah ! Seigneur !

IPHIGÉNIE

Ah ! mon père !

AGAMEMNON

Prévenez de Calchas l'empressement[1] sévère[2].
Fuyez, vous dis-je. Et moi, pour vous favoriser,
1480 Par de feintes raisons je m'en vais l'abuser ;
Je vais faire suspendre[3] une pompe[4] funeste,
Et de ce jour, au moins, lui demander le reste.

Scène 11 : ÉRIPHILE, DORIS

ÉRIPHILE

Suis-moi. Ce n'est pas là, Doris, notre chemin.

DORIS

Vous ne les suivez pas ?

ÉRIPHILE

Ah ! je succombe enfin.
1485 Je reconnais l'effet des tendresses d'Achille.
Je n'emporterai point une rage inutile.
Plus de raisons[5]. Il faut ou la perdre[6], ou périr.
Viens, te dis-je. À Calchas je vais tout découvrir.

---

1 *L'empressement* : le zèle.
2 *Sévère* : cruel.
3 *Suspendre* : interrompre.
4 *Pompe* : cérémonie. ☞ p. 172.
5 *Raisons* : discours.
6 *Perdre* : faire périr.

SITUER

Les menaces d'Achille et le mépris d'Agamemnon ont rompu tout lien entre les deux hommes. Agamemnon, livré à lui-même, écoutera-t-il son amour-propre blessé ?

RÉFLÉCHIR

Dramaturgie : *Les monologues d'Agamemnon*

1. Comment expliquer la division entre les scènes 7, 8 et 9, qui pourtant forment un ensemble cohérent ? Quelle définition peut-on donner de la « scène » dans le théâtre classique ?

2. Dans les scènes 7 et 9, quelles crises le recours au monologue traduit-il chez Agamemnon ?

3. Agamemnon fait intervenir les gardes à deux reprises, au v. 1429, puis au v. 1477. Quels rôles différents ceux-ci jouent-ils ?

Caractères : *Le dilemme d'Agamemnon*

4. À quelle résolution Agamemnon s'arrête-t-il au v. 1425 ? Quel sentiment le détermine ?

5. Relevez les différents motifs qui empêchent Agamemnon de sacrifier Iphigénie (v. 1429-1440). À quel trait de caractère du personnage chacun d'eux renvoie-t-il ?

6. *« Ah ! quels dieux me seraient plus cruels que moi-même ? »* (v. 1446) Expliquez ce vers. Quelle division Agamemnon révèle-t-il ici ?

7. À quelle solution s'arrête-t-il finalement ? Montrez que sa décision est un compromis entre deux issues également inacceptables.

8. Après la scène 6, où Achille a montré son tempérament fougueux, comment le spectateur juge-t-il les atermoiements d'Agamemnon ?

Tons : *De l'indécision à l'exécution*

9. Dans la scène 8, identifiez les revirements successifs d'Agamemnon. Quels indices permettent de les situer avec précision ?

10. Relevez les impératifs dans les v. 1465-1477. Quel nouvel état d'esprit du personnage ces formes verbales traduisent-elles ? Dans quel rôle social rentre-t-il alors ?

11. Quelle décision Ériphile prend-elle à la scène 11 ? Quel ton adopte-t-elle alors qui ne lui est pas coutumier ?

12. *« Je succombe enfin »* (v. 1484). Quel nouvel élément pousse Ériphile à mettre son projet à exécution ?

Mise en scène : *Les gestes du monologue*

13. Illustrez d'un vers de la scène 8 la photo p. 111. Qu'expriment la fixité du regard et le geste des bras levés ?

14. Quelle vision Agamemnon cherche-t-il à repousser (photo p. 111) ? Comment l'éclairage accentue-t-il l'impression d'égarement que donne le personnage ?

📑 L'action

1. L'acte est encadré par les apparitions d'Ériphile. Quelle progression le passage de la scène 1 à la scène 11 marque-t-il dans l'élaboration de son projet ?

2. Quels nouveaux enjeux l'acte IV a-t-il fait apparaître ? La situation vous paraît-elle désormais plus claire ou au contraire plus complexe ? Justifiez votre réponse.

📑 Les personnages

3. Le revirement final d'Agamemnon est-il surprenant ? Citez un changement semblable dans les actes précédents.

4. Quel nouveau visage Achille offre-t-il dans la scène 6 ? Quel trait de caractère le distingue d'Agamemnon ?

5. Comment les prises de position d'Iphigénie s'expliquent-elles ? En quoi est-elle différente des autres personnages ?

6. Achille et Iphigénie sont-ils liés l'un à l'autre par les mêmes devoirs ? Quelle sorte de couple forment-ils ?

7. Le rappel du crime d'Atrée (v. 1246) restitue l'hérédité sanglante d'Agamemnon (☞ p. 145). Quel climat cette évocation introduit-elle dans la pièce ?

📑 La dramaturgie

8. L'acte III était l'acte de la crise. Comment peut-on caractériser l'acte IV ?

9. Considérez la longueur des répliques, particulièrement dans la scène 6 : vous paraît-elle s'accorder avec l'émotion des personnages ? Le spectateur moderne peut-il se satisfaire de ce manque de vraisemblance ? Pourquoi ?

10. Dès l'acte IV, le dénouement est préparé. Quelles informations dans la tirade de Clytemnestre (scène 4) sont des amorces de la scène finale ?

Acte V

Scène 1 : IPHIGÉNIE, ÆGINE

IPHIGÉNIE

Cesse de m'arrêter. Va, retourne à[1] ma mère,
490 Ægine, il faut des dieux apaiser la colère.
Pour[2] ce sang malheureux qu'on veut leur dérober,
Regarde quel orage est tout prêt à[3] tomber.
Considère l'état où la reine est réduite.
Vois comme tout le camp s'oppose à notre fuite ;
495 Avec quelle insolence ils ont de toutes parts
Fait briller à nos yeux la pointe de leurs dards.
Nos gardes repoussés, la reine évanouie...
Ah ! c'est trop l'exposer, souffre que je la fuie
Et sans attendre ici ses secours impuissants,
500 Laisse-moi profiter du trouble de ses sens.
Mon père même, hélas ! puisqu'il faut te le dire,
Mon père en me sauvant ordonne que j'expire.

ÆGINE

Lui, Madame ? Quoi donc ? Qu'est-ce qui s'est passé ?

IPHIGÉNIE

Achille, trop ardent, l'a peut-être offensé.
505 Mais le roi, qui le hait, veut que je le haïsse.
Il ordonne à mon cœur cet affreux sacrifice.
Il m'a fait par Arcas expliquer ses souhaits[4],
Ægine, il me défend de lui parler jamais.

---

1 *À* : auprès de.
2 *Pour* : à cause de.
3 *Prêt à* : près de.
4 *Souhaits* : volontés.

ÆGINE

Ah, Madame !

IPHIGÉNIE

Ah sentence ! ah rigueur inouïe !
1510 Dieux plus doux, vous n'avez demandé que ma vie.
Mourons, obéissons. Mais qu'est-ce que je voi[1] ?
Dieux ! Achille ?

Scène 2 : **ACHILLE, IPHIGÉNIE**

ACHILLE

Venez, Madame, suivez-moi.
Ne craignez ni les cris ni la foule impuissante
D'un peuple qui se presse autour de cette tente.
1515 Paraissez. Et bientôt, sans attendre mes coups,
Ces flots tumultueux s'ouvriront devant vous.
Patrocle[2] et quelques chefs qui marchent à ma suite
De mes Thessaliens vous amènent l'élite.
Tout le reste, assemblé, près de mon étendard,
1520 Vous offre de ses rangs l'invincible rempart.
À vos persécuteurs opposons cet asile.
Qu'ils viennent vous chercher sous les tentes d'Achille.
Quoi ! Madame ! est-ce ainsi que vous me secondez ?
Ce n'est que par des pleurs que vous me répondez.
1525 Vous fiez-vous encore à de si faibles armes ?
Hâtons-nous. Votre père a déjà vu vos larmes.

IPHIGÉNIE

Je le sais bien, Seigneur. Aussi tout mon espoir
N'est plus qu'au coup[3] mortel que je vais recevoir.

---

1 *Je voi* : je vois ; orthographe ancienne exigée par la rime.
2 *Patrocle* : l'ami d'Achille. ☞ p. 171.
3 *Au coup* : dans le coup.

ACHILLE

Vous, mourir ? Ah ! cessez de tenir ce langage.
530 Songez-vous quel serment vous et moi nous engage ?
Songez-vous (pour trancher[1] d'inutiles discours)
Que le bonheur d'Achille est fondé sur vos jours ?

IPHIGÉNIE

Le ciel n'a point aux jours de cette infortunée[2]
Attaché le bonheur de votre destinée.
535 Notre amour nous trompait. Et les arrêts du sort
Veulent que ce bonheur soit un fruit de ma mort.
Songez, Seigneur, songez à ces moissons de gloire
Qu'à vos vaillantes mains présente la Victoire.
Ce champ si glorieux, où[3] vous aspirez tous,
540 Si mon sang ne l'arrose, est stérile pour vous.
Telle est la loi des dieux à mon père dictée.
En vain sourd à[4] Calchas il l'avait rejetée,
Par la bouche des Grecs contre moi conjurés,
Leurs ordres éternels se sont trop déclarés[5].
545 Partez. À vos honneurs j'apporte trop d'obstacles.
Vous-même, dégagez la foi de vos oracles[6],
Signalez ce héros à la Grèce promis,
Tournez votre douleur[7] contre ses ennemis.
Déjà Priam[8] pâlit. Déjà Troie en alarmes
550 Redoute mon bûcher, et frémit de vos larmes.
Allez, et dans ses murs vides de citoyens,
Faites pleurer ma mort aux veuves des Troyens.
Je meurs dans cet espoir satisfaite et tranquille.
Si je n'ai pas vécu la compagne d'Achille,
555 J'espère que du moins un heureux avenir,

---

1 *Trancher* : couper court à.
2 *Cette infortunée* : l'infortunée que je suis.
3 *Où* : auquel.
4 *Sourd à* : sourd aux avertissements de.
5 *Déclarés* : montrés clairement.
6 *Dégagez la foi de vos oracles* : faites ce que les oracles ont promis de vous.
7 *Douleur* : colère.
8 *Priam* : roi de Troie.

Bernard Woringer (ACHILLE) et Nelly Borgeaud (IPHIGÉNIE),
théâtre de l'Athénée, 1962.

À vos faits[1] immortels joindra mon souvenir,
Et qu'un jour mon trépas, source de votre gloire[2],
Ouvrira le récit d'une si belle histoire.
Adieu, Prince, vivez, digne race des dieux.

ACHILLE

560   Non, je ne reçois[3] point vos funestes[4] adieux.
En vain, par ce discours, votre cruelle adresse[5]
Veut servir votre père, et tromper ma tendresse ;
En vain vous prétendez[6], obstinée à mourir,
Intéresser ma gloire[7] à vous laisser périr.
565   Ces moissons de lauriers, ces honneurs, ces conquêtes,
Ma main, en vous servant, les trouve toutes prêtes.
Et qui de ma faveur se voudrait honorer,
Si mon hymen prochain ne peut vous assurer[8] ?
Ma gloire, mon amour, vous ordonnent de vivre.
570   Venez, Madame, il faut les en croire, et me suivre.

IPHIGÉNIE

Qui ? Moi ? Que contre un père osant me révolter,
Je mérite la mort, que j'irais éviter ?
Où serait le respect ? Et ce devoir suprême...

ACHILLE

Vous suivrez un époux avoué[9] par lui-même.
575   C'est un titre qu'en vain il prétend me voler ;
Ne fait-il des serments que pour les violer ?
Vous-même, que retient un devoir si sévère[10],
Quand il vous donne à moi, n'est-il point votre père ?
Suivez-vous seulement ses ordres absolus

---

1 *Faits* : exploits.
2 *Gloire* : triomphe.
3 *Reçois* : accepte.
4 *Funestes* : qui annoncent la mort.
5 *Adresse* : ruse.
6 *Prétendez* : cherchez à.
7 *Gloire* : honneur.
8 *Assurer* : mettre en sûreté.
9 *Avoué* : approuvé.
10 *Sévère* : rigoureux.

1580   Quand il cesse de l'être, et ne vous connaît plus ?
        Enfin, c'est trop tarder, ma Princesse, et ma crainte...

IPHIGÉNIE

        Quoi ! Seigneur ! vous iriez jusques à la contrainte ?
        D'un coupable transport[1] écoutant la chaleur,
        Vous pourriez ajouter ce comble à mon malheur ?
1585   Ma gloire[2] vous serait moins chère que ma vie.
        Ah, Seigneur ! épargnez la triste Iphigénie.
        Asservie à des lois que j'ai dû respecter,
        C'est déjà trop pour moi que de vous écouter.
        Ne portez[3] pas plus loin votre injuste victoire,
1590   Ou par mes propres mains immolée à ma gloire,
        Je saurai m'affranchir dans ces extrémités
        Du secours dangereux que vous me présentez[4].

ACHILLE

        Eh bien ! n'en parlons plus. Obéissez, cruelle,
        Et cherchez une mort qui vous semble si belle.
1595   Portez à votre père un cœur[5], où j'entrevoi[6]
        Moins de respect pour lui, que de haine pour moi.
        Une juste fureur s'empare de mon âme.
        Vous allez à l'autel, et moi, j'y cours, Madame ;
        Si de sang et de morts le ciel est affamé,
1600   Jamais de plus de sang ses autels n'ont fumé[7].
        À mon aveugle amour tout sera légitime.
        Le prêtre deviendra la première victime.
        Le bûcher par mes mains détruit et renversé,
        Dans le sang des bourreaux nagera dispersé.
1605   Et si dans les horreurs de ce désordre extrême,
        Votre père frappé tombe, et périt lui-même,

---

1 *Transport* : élan de la passion. ☞ p. 172.
2 *Gloire* : honneur.
3 *Portez* : poussez.
4 *Présentez* : offrez.
5 *Cœur* : sens physique et moral.
6 *J'entrevoi* : j'entrevois ; orthographe ancienne exigée par la rime.
7 *N'ont fumé* : n'auront fumé ; l'action est présentée comme accomplie.

Le plan d'Agamemnon a échoué : les soldats se sont opposés à la fuite de Clytemnestre et Iphigénie. Celle-ci a appris la rupture entre Achille et Agamemnon. Qui suivra-t-elle, l'amant ou le père ?

RÉFLÉCHIR

Dramaturgie : *L'action ou le discours*

1. Reconstituez la suite des événements à partir des v. 1493-1497.

2. Où se dirige Iphigénie au début de l'acte ? Quelles circonstances l'en empêchent ? En quoi les scènes 1 et 2 marquent-elles un arrêt dans l'action ?

Stratégies : *Le sens du sacrifice*

3. À quel « *affreux sacrifice* » (v. 1506) Iphigénie est-elle condamnée ? Par quel devoir se soumet-elle à cette interdiction ?

4. Quelle justification de son refus de partir Iphigénie donne-t-elle à Achille (v. 1533 et suiv.) ? Que lui sacrifie-t-elle ?

5. À quel dilemme Iphigénie se trouve-t-elle confrontée ? Quelle conciliation tente-t-elle en proposant son sacrifice à Achille ?

6. Comment Achille réagit-il à l'annonce du sacrifice d'Iphigénie ? Qu'entend-il par « *cruelle adresse* » (v. 1561) ? L'accusation est-elle justifiée ?

Caractères : *La tentation de l'héroïsme*

7. Que propose Iphigénie à Achille dans les v. 1537-1559 ? Que demande-t-elle en échange ?

8. Achille accepte-t-il de choisir entre gloire et amour ? Comment se propose-t-il d'associer les deux (v. 1565-1566) ?

Genre : *L'union ou la rupture ?*

9. Quelle signification est attachée à la fuite d'une jeune fille avec son amant ? Pourquoi Iphigénie ne peut-elle pas accepter le « *suivez-moi* » (v. 1512) d'Achille ? À quelle alternative est-elle alors réduite ?

10. Relevez les ordres successifs par lesquels Achille demande à Iphigénie de le suivre. Quelle réponse lui donne-t-elle à chaque fois ? Quel plan du dialogue ces alternances construisent-elles ?

11. D'après l'expression des visages, le regard, la position des personnages, situez avec précision la photo p. 120 dans la scène 2. Quelle réplique peut-on prêter à Achille ?

12. Comparez la photographie de la p. 120 avec les interprétations d'Achille p. 37 et p. 82 : laquelle vous apparaît la plus conforme à l'image que vous vous faites du personnage ? Justifiez votre réponse.

Alors de vos respects voyant les tristes[1] fruits,
Reconnaissez les coups que vous aurez conduits[2].

IPHIGÉNIE

Ah ! Seigneur ! ah ! cruel !... Mais il fuit, il m'échappe.
1610 Ô toi, qui veux ma mort, me voilà seule, frappe,
Termine, juste ciel, ma vie, et mon effroi,
Et lance ici des traits, qui n'accablent que moi !

Scène 3 : **CLYTEMNESTRE, IPHIGÉNIE, ÆGINE, EURYBATE, GARDES**

CLYTEMNESTRE

Oui, je la défendrai contre toute l'armée.
Lâches, vous trahissez votre reine opprimée[3] !

EURYBATE

1615 Non, Madame, il suffit que vous me commandiez :
Vous nous verrez combattre et mourir à vos pieds.
Mais de nos faibles mains que pouvez-vous attendre ?
Contre tant d'ennemis, qui vous pourra défendre ?
Ce n'est plus un vain[4] peuple en désordre assemblé ;
1620 C'est d'un zèle[5] fatal tout le camp aveuglé.
Plus de pitié. Calchas seul règne, seul commande :
La piété sévère[6] exige son offrande.
Le roi, de son pouvoir se voit déposséder,
Et lui-même au torrent nous contraint de céder.
1625 Achille, à qui tout cède, Achille à cet orage
Voudrait lui-même en vain opposer son courage.
Que fera-t-il, Madame ? Et qui peut dissiper
Tous les flots d'ennemis prêts à l'envelopper ?

---

1 *Tristes* : funestes. ☞ p. 172.
2 *Conduits* : dirigés.
3 *Opprimée* : accablée de douleur.
4 *Vain* : impuissant.
5 *Zèle* : ferveur religieuse.
6 *Sévère* : cruelle.

CLYTEMNESTRE

630
Qu'ils viennent donc sur moi prouver leur zèle impie
Et m'arrachent ce peu qui me reste de vie.
La mort seule, la mort pourra rompre les nœuds
Dont mes bras nous vont joindre et lier toutes deux :
Mon corps sera plutôt séparé de mon âme
Que je souffre[1] jamais... Ah ! ma fille !

IPHIGÉNIE

Ah ! Madame !
635
Sous quel astre cruel avez-vous mis au jour
Le malheureux objet d'une si tendre amour[2] ?
Mais que pouvez-vous faire en l'état où nous sommes ?
Vous avez à combattre et les dieux et les hommes.
Contre un peuple en fureur vous exposerez-vous ?
640
N'allez point, dans un camp rebelle à votre époux,
Seule à me retenir vainement obstinée,
Par des soldats peut-être indignement traînée,
Présenter, pour tout fruit d'un déplorable effort,
Un spectacle à mes yeux plus cruel que la mort.
645
Allez. Laissez aux Grecs achever leur ouvrage,
Et quittez pour jamais un malheureux rivage.
Du bûcher, qui m'attend, trop voisin de ces lieux,
La flamme de trop près viendrait frapper vos yeux.
Surtout, si vous m'aimez, par cet amour de mère,
650
Ne reprochez jamais mon trépas à mon père[3].

CLYTEMNESTRE

Lui ! par qui votre cœur à Calchas présenté...

IPHIGÉNIE

Pour me rendre à vos pleurs que n'a-t-il point tenté ?

CLYTEMNESTRE

Par quelle trahison le cruel m'a déçue[4] !

---

1 *Souffre* : permette.
2 *Amour* : mot souvent féminin au XVIIe siècle.
3 Agamemnon périra assassiné par Clytemnestre.
4 *Déçue* : trompée.

IPHIGÉNIE

Il me cédait aux dieux, dont il m'avait reçue.
1655 Ma mort n'emporte pas tout le fruit de vos feux.
De l'amour qui vous joint vous avez d'autres nœuds ;
Vos yeux me reverront dans Oreste mon frère.
Puisse-t-il être, hélas ! moins funeste à sa mère[1] !
D'un peuple impatient vous entendez la voix.
1660 Daignez m'ouvrir vos bras pour la dernière fois,
Madame, et, rappelant[2] votre vertu[3] sublime...
Eurybate, à l'autel conduisez la victime.

Scène 4 : **CLYTEMNESTRE, ÆGINE, GARDES**

CLYTEMNESTRE

Ah ! vous n'irez pas seule, et je ne prétends pas...
Mais on se jette en foule au-devant de mes pas.
1665 Perfides, contentez votre soif sanguinaire.

ÆGINE

Où courez-vous, Madame, et que voulez-vous faire ?

CLYTEMNESTRE

Hélas ! je me consume en impuissants efforts,
Et rentre au[4] trouble affreux dont à peine je sors.
Mourrai-je tant de fois sans sortir de la vie ?

ÆGINE

1670 Ah ! savez-vous le crime, et qui vous a trahie,
Madame ? Savez-vous quel serpent inhumain
Iphigénie avait retiré[5] dans son sein ?
Ériphile en ces lieux par vous-même conduite,
A seule à tous les Grecs révélé votre fuite.

---

1 Oreste tuera Clytemnestre.
2 *Rappelant* : ranimant.
3 *Vertu* : courage.
4 *Au* : dans le.
5 *Retiré* : accueilli.

CLYTEMNESTRE

1675   Ô monstre, que Mégère[1] en ses flancs a porté !
    Monstre ! que dans nos bras les enfers ont jeté !
    Quoi ! tu ne mourras point ? Quoi ! pour punir son crime...
    Mais où va ma douleur chercher une victime ?
    Quoi ! pour noyer les Grecs et leurs mille vaisseaux,
1680   Mer, tu n'ouvriras pas des abîmes nouveaux ?
    Quoi ! lorsque, les chassant du port qui les recèle[2],
    L'Aulide aura vomi leur flotte criminelle,
    Les vents, les mêmes vents, si longtemps accusés,
    Ne te couvriront pas de ses vaisseaux brisés ?
1685   Et toi, Soleil, et toi, qui dans cette contrée
    Reconnais l'héritier, et le vrai fils d'Atrée[3],
    Toi, qui n'osas du père éclairer le festin[4],
    Recule, ils t'ont appris ce funeste chemin.
    Mais cependant[5], ô ciel ! ô mère infortunée !
1690   De festons[6] odieux ma fille couronnée
    Tend la gorge aux couteaux par son père apprêtés !
    Calchas va dans son sang... Barbares ! arrêtez :
    C'est le pur sang du dieu qui lance le tonnerre[7].
    J'entends gronder la foudre, et sens trembler la terre.
1695   Un dieu vengeur, un dieu fait retentir ces coups.

---

1 *Mégère* : une des trois Furies, avec Tisiphone et Alecto.
2 *Recèle* : renferme.
3 *Le vrai fils d'Atrée* : Agamemnon.
4 Voir note 3, p. 101.
5 *Cependant* : pendant ce temps.
6 *Festons* : guirlandes de feuilles et de fleurs.
7 *Du dieu qui lance le tonnerre* : Jupiter (Zeus), dont Iphigénie descend.

Iphigénie, soumise à son père, a refusé le secours d'Achille, et se prépare au sacrifice. Quel obstacle Clytemnestre opposera-t-elle à ce projet ?

RÉFLÉCHIR

Dramaturgie : *Les mouvements des personnages*

1. À qui Clytemnestre s'adresse-t-elle au v. 1614 ? En quel lieu faut-il situer ces destinataires ?

2. Les indications scéniques, nécessaires à la compréhension de la scène, doivent être tirées des répliques mêmes. Rétablissez-les dans la scène 3.

Stratégies : *Les adieux d'Iphigénie*

3. Quel sens peut-on donner au jeu de mots *« pitié »* / *« piété »* des v. 1621-1622 ? Quels partisans reste-t-il encore à Clytemnestre ?

4. Quel est ce *« spectacle [...] plus cruel que la mort »* (v. 1644) que redoute Iphigénie ? Que demande-t-elle à Clytemnestre ?

5. D'après ce que vous savez de l'histoire des Atrides (☞ p. 145), dites si les deux vœux d'Iphigénie (v. 1650 et 1658) seront exaucés. Quelle tonalité prennent alors ces adieux ?

6. Que marquent les points de suspension au v. 1661 ? Pourquoi Iphigénie rompt-elle l'entretien ?

Genre : *Les imprécations (v. 1675-1695)*

7. À qui Clytemnestre s'adresse-t-elle successivement ? Quel état d'esprit du personnage cette série d'apostrophes traduit-elle ?

8. Quelles puissances Clytemnestre invoque-t-elle quand elle s'adresse aux éléments ? Que marque l'irruption du surnaturel dans la scène ?

9. Exercez-vous à dire la tirade. Qu'est-ce qui en rend la diction malaisée ?

10. Clytemnestre voit-elle réellement la scène qu'elle décrit aux v. 1689-1692 ? Justifiez votre réponse.

Mise en scène : *Douleur et délire*

11. Quels mouvements du corps de l'actrice doivent accompagner les différentes apostrophes des v. 1675-1695 ? Où doit-elle porter le regard au v. 1685 ?

12. Illustrez d'un vers la photo 5 p. 12. Quels sentiments le visage de l'actrice exprime-t-il ?

Scène 5 : **CLYTEMNESTRE, ÆGINE, ARCAS, GARDES**

ARCAS

N'en doutez point, Madame. Un dieu combat pour vous.
Achille, en ce moment, exauce vos prières.
Il a brisé des Grecs les trop faibles barrières.
Achille est à l'autel. Calchas est éperdu.
700 Le fatal sacrifice est encor suspendu.
On se menace, on court, l'air gémit, le fer brille.
Achille fait ranger autour de votre fille
Tous ses amis, pour lui prêts à se dévouer[1].
Le triste Agamemnon, qui n'ose l'avouer[2],
705 Pour détourner ses yeux des meurtres qu'il présage[3],
Ou pour cacher ses pleurs, s'est voilé le visage.
Venez, puisqu'il se tait, venez par vos discours
De votre défenseur appuyer le secours ;
Lui-même de sa main de sang toute fumante
710 Il veut entre vos bras remettre son amante[4].
Lui-même il m'a chargé de conduire vos pas :
Ne craignez rien.

CLYTEMNESTRE

Moi, craindre ! ah ! courons, cher Arcas.
Le plus affreux péril n'a rien dont je pâlisse.
J'irai partout. Mais, dieux ! ne vois-je pas Ulysse ?
715 C'est lui. Ma fille est morte ! Arcas, il n'est plus temps.

---

1 *Se dévouer* : se sacrifier.
2 *Avouer* : approuver.
3 *Présage* : prévoit.
4 *Amante* : fiancée. ☞ p. 172.

Scène 6 : ULYSSE, CLYTEMNESTRE, ARCAS, ÆGINE, GARDES

ULYSSE

Non, votre fille vit, et les dieux sont contents[1],
Rassurez-vous. Le ciel a voulu[2] vous la rendre.

CLYTEMNESTRE

Elle vit ! et c'est vous qui venez me l'apprendre !

ULYSSE

Oui, c'est moi qui longtemps contre elle et contre vous
1720   Ai cru devoir, Madame, affermir votre époux,
Moi, qui jaloux[3] tantôt de l'honneur de nos armes
Par d'austères[4] conseils ai fait couler vos larmes,
Et qui viens, puisque enfin le ciel est apaisé,
Réparer tout l'ennui[5] que je vous ai causé.

CLYTEMNESTRE

1725   Ma fille ! ah, Prince ! ô ciel ! je demeure éperdue.
Quel miracle, Seigneur, quel dieu me l'a rendue ?

ULYSSE

Vous m'en voyez moi-même en cet heureux moment
Saisi d'horreur[6], de joie et de ravissement.
Jamais jour n'a paru si mortel[7] à la Grèce.
1730   Déjà de tout le camp la Discorde maîtresse
Avait sur tous les yeux mis son bandeau fatal,
Et donné du combat le funeste[8] signal.
De ce spectacle affreux votre fille alarmée
Voyait pour elle Achille, et contre elle l'armée.
1735   Mais quoique seul pour elle, Achille furieux

---

1 *Contents* : satisfaits.
2 *A voulu* : a consenti à.
3 *Jaloux* : particulièrement attaché à.
4 *Austères* : cruels.
5 *Ennui* : peine.
6 *Horreur* : crainte religieuse. ☞ p. 172.
7 *Mortel* : funeste.
8 *Funeste* : annonciateur de mort. ☞ p. 172.

Épouvantait l'armée et partageait[1] les dieux.
Déjà de traits en l'air s'élevait un nuage,
Déjà coulait le sang prémices du carnage.
Entre les deux parties Calchas s'est avancé,
740   L'œil farouche, l'air sombre, et le poil[2] hérissé,
Terrible, et plein du dieu[3], qui l'agitait sans doute :
Vous Achille, a-t-il dit, et vous Grecs, qu'on m'écoute.
Le dieu qui maintenant vous parle par ma voix
M'explique son oracle et m'instruit de son choix.
745   Un autre sang[4] d'Hélène, une autre Iphigénie,
Sur ce bord immolée y doit laisser sa vie.
Thésée[5] avec Hélène uni secrètement,
Fit succéder l'hymen à son enlèvement.
Une fille en sortit, que sa mère a celée[6].
750   Du nom d'Iphigénie elle fut appelée.
Je vis moi-même alors ce fruit de leurs amours.
D'un sinistre avenir je menaçai ses jours.
Sous un nom emprunté sa noire destinée
Et ses propres fureurs[7] ici l'ont amenée.
755   Elle me voit, m'entend, elle est devant vos yeux,
Et c'est elle, en un mot, que demandent les dieux.
Ainsi parle Calchas. Tout le camp immobile
L'écoute avec frayeur, et regarde Ériphile.
Elle était à l'autel, et peut-être en son cœur
760   Du fatal[8] sacrifice accusait la lenteur.
Elle-même tantôt, d'une course subite
Était venue aux Grecs annoncer votre fuite.
On admire en secret[9] sa naissance, et son sort.
Mais puisque Troie enfin est le prix de sa mort,

---

1 *Partageait* : divisait en partis opposés.
2 *Poil* : se dit de la barbe et des cheveux.
3 *Plein du dieu* : possédé par le dieu.
4 *Sang* : descendant. ☞ p. 172.
5 *Thésée* : roi d'Athènes.
6 *Celée* : cachée.
7 *Ses propres fureurs* : sa propre folie.
8 *Fatal* : voulu par le destin. ☞ p. 172.
9 *Admire* : s'étonne. – *En secret* : à part soi.

1765 L'armée à haute voix se déclare contre elle,
Et prononce à Calchas sa sentence mortelle.
Déjà pour la saisir Calchas lève le bras :
Arrête, a-t-elle dit, et ne m'approche pas.
Le sang de ces héros dont tu me fais descendre,
1770 Sans tes profanes mains saura bien se répandre.
Furieuse[1] elle vole, et sur l'autel prochain[2],
Prend le sacré couteau, le plonge dans son sein.
À peine son sang coule et fait rougir la terre,
Les dieux font sur[3] l'autel entendre le tonnerre,
1775 Les vents agitent l'air d'heureux[4] frémissements,
Et la mer leur répond par ses mugissements.
La rive au loin gémit, blanchissante d'écume.
La flamme du bûcher d'elle-même s'allume.
Le ciel brille d'éclairs, s'entr'ouvre, et parmi nous
1780 Jette une sainte horreur[5], qui nous rassure tous.
Le soldat étonné[6] dit que dans une nue
Jusque sur le bûcher Diane est descendue,
Et croit que s'élevant au travers de ses feux,
Elle portait au ciel notre encens et nos vœux.
1785 Tout s'empresse, tout part. La seule Iphigénie[7]
Dans ce commun bonheur pleure son ennemie.
Des mains d'Agamemnon venez la recevoir ;
Venez, Achille et lui brûlant[8] de vous revoir,
Madame, et désormais tous deux d'intelligence[9],
1790 Sont prêts à confirmer leur auguste alliance.

CLYTEMNESTRE
Par quel prix, quel encens, ô ciel, puis-je jamais
Récompenser Achille, et payer tes bienfaits !

---

1 *Furieuse* : égarée par la folie. ☞ *fureur*, p. 172.
2 *Prochain* : voisin.
3 *Sur* : au-dessus de.
4 *Heureux* : favorables.
5 *Horreur* : crainte religieuse. ☞ p. 172.
6 *Étonné* : frappé de stupeur. ☞ p. 172.
7 *La seule Iphigénie* : seule Iphigénie.
8 *Brûlant* : impatient.
9 *D'intelligence* : en parfait accord.

Iphigénie a fait ses adieux à Clytemnestre, laissant sa mère en proie au désespoir et à la folie. Quel miracle pourrait encore empêcher la mort d'Iphigénie ?

RÉFLÉCHIR

Genre : *Le récit*

1. Dans le théâtre classique, la règle de bienséance (☞ p. 152-154), interdit de représenter sur scène des actions violentes. Quelles applications en sont données dans ces deux scènes ?

2. L'action se passe hors scène. Dans quelle situation semblable à celle du spectateur Clytemnestre se trouve-t-elle par rapport à l'événement ?

3. Le récit d'Ulysse complète celui d'Arcas. Comment expliquer ce décalage dans l'information ?

4. L'auteur a compensé la longueur de la tirade d'Ulysse par la variété de l'expression. Par l'étude du plan du texte, définissez les types de discours employés.

Dramaturgie : *Le dénouement*

5. L'intervention d'Achille constitue-t-elle une surprise ? Pourquoi ? Quelles conséquences tragiques fait-elle craindre (v. 1730-1738) ?

6. Le dénouement fait intervenir les dieux. En quoi consiste précisément le *deus ex machina* (☞ p. 173) dans la scène 6 ?

7. Diane s'est-elle réellement manifestée ? Avec quelles réserves Ulysse rapporte-t-il ce prodige (v. 1781-1784) ?

8. De quels sentiments différents la foule est-elle agitée (v. 1757-1766) ? Quel rôle joue-t-elle dans l'exécution d'Ériphile ?

9. Comment expliquer le mépris d'Ériphile pour Calchas (v. 1769-1770) ? Avec quel sentiment accueille-t-elle la nouvelle de son origine royale ?

Style : *Accélérations*

10. Comment sont construits les v. 1699 et 1701 ? Quelle impression la rapidité du rythme donne-t-elle ?

11. Déterminez les temps employés au cours du récit de la scène 6. À quel endroit y a-t-il changement, et quel en est l'intérêt ?

12. Relevez les verbes de mouvement dans les v. 1771-1790. Qu'en concluez-vous sur le rythme du déroulement de l'action ?

FAIRE LE POINT ✴ **ACTE V**

📥 L'action

1. Comment s'est résolu le conflit qui opposait Achille au reste du camp ? Ce règlement vous semble-t-il artificiel ? Pourquoi ?

2. Le dénouement est-il heureux ou malheureux ? Justifiez votre réponse.

📥 Les personnages

3. Quelle conception différente de l'amour oppose Achille et Iphigénie à la scène 2 ?

4. Comment sont illustrés l'héroïsme d'Achille et la générosité d'Iphigénie au cours de l'acte ? En quoi ces deux personnages sont-ils exemplaires ?

5. Quelles différentes réactions Iphigénie et Clytemnestre montrent-elles face à l'emprise du destin ? Quel personnage se révèle le plus tragique ? Pourquoi ?

6. Montrez que, conformément à la règle, le sort de chacun des personnages principaux est fixé à la fin de la pièce.

📥 La dramaturgie

7. Dans le théâtre classique, le dénouement survient après la dernière péripétie (☞ p. 173). Montrez que Racine respecte cette exigence.

8. Le dénouement doit être complet et rapide. Est-ce le cas ici ? Justifiez votre réponse.

9. Racine, dans sa préface, dit avoir évité le recours au « *miracle* » pour dénouer sa pièce. Quelle place a-t-il alors faite au merveilleux dans le dénouement ?

POINT FINAL ?

◥ Les personnages

1. « *Le triste Agamemnon* (...) *s'est voilé le visage* » (v. 1704-1706). Montrez que cette dernière attitude d'**Agamemnon**, inspirée d'Euripide, résume bien le personnage.

2. « *Horace nous recommande de dépeindre* **Achille** *farouche, inexorable, violent* », lit-on dans la préface d'*Andromaque*. Racine a suivi cette indication dans *Iphigénie* : précisez dans quels passages de la pièce. Quelle dimension supplémentaire a-t-il ajoutée au personnage ?

3. Chateaubriand écrit dans le *Génie du christianisme* (1802) : « *L'Iphigénie moderne est la fille chrétienne* ». Relevez dans la prière d'**Iphigénie** (v. 1170-1216) les éléments qui confirment cette résignation chrétienne au sacrifice.

4. L'auteur, dans sa préface, dit d'**Ériphile** qu'elle « *mérite* (...) *d'être punie, sans être pourtant tout à fait indigne de compassion* ». Dans un tableau à deux colonnes, vous énumérerez les traits du personnage qui suscitent la réprobation, et ceux qui excitent la pitié. Quel portrait se dégage du relevé ainsi effectué ?

5. Clytemnestre tient une place importante dans la pièce. A-t-elle une influence sur le cours des événements ?

6. Ægine ne donne dans toute la pièce que quatre répliques. Quels autres personnages restent presque constamment muets ? La présence sur scène des suivantes n'est pas inutile : quel rôle jouent-elles auprès de leurs maîtresses ?

◥ L'action

7. Relevez dans la pièce les allusions à l'origine incertaine d'Ériphile. Quels soupçons font-elles naître chez le spectateur ? Préparent-elles le dénouement proprement dit ? Pourquoi ? Qu'entend Racine lorsqu'il dit que « *le dénouement de la pièce est tiré du fond même de la pièce* » (préface) ?

8. Racine a modifié le dénouement d'*Iphigénie* tel qu'il lui était proposé par la légende et la tradition antique. En vous appuyant sur la préface, indiquez et expliquez les raisons de cette modification.

9. Relisez les v. 45-50, puis les v. 1773-1785. En quoi les deux extraits se répondent-ils ? Dites quel rôle le drame d'*Iphigénie* a joué entre ces moments.

La dramaturgie

10. Selon quelle nécessité dramatique l'auteur fait-il tenir le rôle du messager par Ulysse dans la dernière scène ?

11. La pièce compte sept monologues. Retrouvez-les. Quelle situation chacun d'eux occupe-t-il dans l'acte où il se trouve ? Qu'en concluez-vous ?

12. *Iphigénie* est la plus longue des tragédies de Racine ; c'est aussi la plus chargée en événements. Quel acte contient le plus grand nombre de vers ? Quel acte en contient le moins ? Quelles conclusions en tirer ?

L'UNIVERS DE L'ŒUVRE

☙

Dossier
documentaire
et
pédagogique

Le père et la fille (p. 9)

Les embrassements d'Iphigénie traduisent la joie de la jeune fille à revoir son père (II, 2). Mais son allégresse tombe devant la tristesse d'Agamemnon et se mue en inquiétude : « *Vous vous cachez, Seigneur, et semblez soupirer* » (v. 552).

1. Qu'exprime le geste d'Iphigénie (photo 1) ? Son père répond-il à ce geste ? Comment interpréter le mouvement de la main qu'esquisse Agamemnon ?

2. Pourquoi Agamemnon détourne-t-il le regard (photo 1) ? Quels indices soulignent l'ambiguïté des rapports entre Agamemnon et Iphigénie ?

Le jeu des regards (p. 10-11)

Les regards expriment sur scène les relations de conflits, d'amour ou de haine. Ils forment un langage muet qui souligne ou contredit les paroles. Le regard révèle aussi le sentiment intérieur du personnage : clair ou sombre, il est le reflet de l'âme.

3. La pièce s'ouvre sur le spectacle de l'affliction d'un roi (I, 1). Quelle vérité Agamemnon se refuse-t-il à regarder en face (photo 2) ? De quels regards cherche-t-il à se protéger en se masquant le visage ? En vous reportant au texte, dites avec quel sentiment Arcas considère son maître.

4. Le visage d'Iphigénie sur la photo 3 est illuminé par l'évocation de son amour pour Achille (II, 3). Comment expliquer l'air sombre d'Ériphile ? Dans quelle direction chacune porte-t-elle son regard ? Quel sens donner à ce jeu des regards, par ailleurs souligné par le contraste des costumes ?

5. Iphigénie serre Ériphile dans ses bras (photo 3) : le geste est-il prévu par le texte ? Dans le contexte du XVIIe siècle et des règles de bienséance, cette attitude vous paraît-elle vraisemblable ? Quelle relation entre les deux jeunes filles ce choix de mise en scène tend-il à exprimer ?

6. Situez avec précision le passage illustré par la gravure (photo 4). Quels sentiments expriment les regards des trois personnages ? Dans quelles directions opposées les personnages se dirigent-ils ? Quelle réplique de Clytemnestre ce geste accompagne-t-il ?

Les fureurs (p. 12-13)

Certains personnages, perdant momentanément le contrôle d'eux-mêmes, s'abandonnent au sentiment de colère qui alors les possède tout entiers. Dans cet état d'égarement, les traits du personnage revêtent une expression inhabituelle de stupeur, d'effroi ou de cruauté.

7. Sur la photo 5, par quelles attitudes l'actrice traduit-elle l'emportement de Clytemnestre (IV, 4) ? Quelle menace le geste de la main levée laisse-t-il présager ? Associez ce geste à un vers précis.

8. Le regard d'Achille (photo 6) est particulièrement expressif. Quel sentiment vous paraît-il exprimer ? La fureur de l'Achille de Racine est-elle comparable à celle de Clytemnestre ou d'Ériphile ? Justifiez votre réponse.

9. Quels signes (geste, regard, cheveux) indiquent que le personnage est en proie au délire (photo 7) ? Cet état furieux est-il différent de celui de Clytemnestre (photo 5) ? Pourquoi ? Qui l'emportement d'Ériphile menace-t-il ?

La cérémonie du sacrifice (p. 14-15)

Le dénouement d'*Iphigénie*, tant dans la version d'Euripide que dans celle de Racine, a fait l'objet de nombreuses illustrations. L'aspect grandiose et solennel, « pompeux » dit-on au XVIIᵉ siècle, domine dans les représentations du sacrifice, qui tirent du récit final les éléments propres à produire un effet spectaculaire.

10. Dans la gravure (photo 8), identifiez les personnages au premier plan. Relisez le récit d'Ulysse (V, 6), et montrez que tous les événements rapportés trouvent ici leur illustration. Quelle impression esthétique cette condensation dramatique produit-elle ?

11. Le tableau de Charles de Lafosse (photo 9) s'inspire de la tragédie d'Euripide : Iphigénie, au moment d'être sacrifiée, est transformée en biche. Quel est le personnage qui partage avec Iphigénie le centre du tableau ? Comment l'artiste a-t-il estompé la violence de la scène ? Quelle place accorde-t-il au merveilleux ? Comparez de ce point de vue la gravure et le tableau.

La jeune fille et la mort (p. 16)

Repoussée par son père qui se dérobe à ses embrassements (II, 2), Iphigénie doit elle-même rejeter les offres de service d'Achille (V, 2) et retenir l'emportement meurtrier de Clytemnestre (V, 3). La jeune fille demeure seule face à la mort qui l'attend.

12. Quel détail de sa parure indique qu'Iphigénie est prête à être sacrifiée ? Quelle signification peut-on attacher à la couleur de son vêtement ? De quelle scène la photographie est-elle tirée ? Adjoignez-y un vers de votre choix.

Faire carrière au théâtre

Gagner la faveur du roi

Le règne de Louis XIV inaugure des rapports nouveaux entre le pouvoir et l'écrivain : celui-ci doit illustrer la grandeur du royaume et magnifier la personne du roi. En vertu d'un **mécénat culturel** qui se développe peu à peu dans les années 1660, il reçoit en échange protection et faveurs ; depuis 1663, une pension est accordée aux hommes de lettres qui rendent service au pouvoir. Racine a l'avantage d'en bénéficier aussitôt, de même que ses prédécesseurs Corneille et Molière. Pour l'écrivain, les gratifications sont le moyen de vivre dans de meilleures conditions que ne le permettraient les revenus de librairie, car il n'existe pas alors de droits d'auteur. L'entrée à l'Académie consacre la réussite sociale de l'écrivain, en même temps qu'elle l'attache plus étroitement au pouvoir. En 1674, quand Racine fait représenter *Iphigénie* à Versailles, il a gagné la reconnaissance littéraire et conquis à ce titre une place de choix dans sa participation à la glorification du règne de Louis XIV. Cependant le sommet de sa carrière est atteint en 1677 quand il est nommé historiographe du roi : lui est alors confiée la tâche d'écrire l'histoire du règne.

Plaire à la Cour et à la Ville

Il importe de distinguer deux sphères dans l'espace social et culturel du temps : la Cour, attachée à la personne du roi, et **arbitre du bon goût**, et la Ville, c'est-à-dire Paris, **lieu de la réussite littéraire**, notamment théâtrale. C'est désormais exclusivement à Paris qu'on imprime ; c'est un journal parisien, le *Mercure galant* de Donneau de Visé, qui, à partir de 1672, fait et défait les réputations. Les théâtres de la capitale ont la primeur des grandes créations. Trois troupes sont alors en concurrence à Paris : celle de Molière, installée au Palais-Royal ; celle du Marais, la plus obscure et la plus misérable, qui disparaît en 1673 ; et celle de l'Hôtel de Bourgogne[1], protégée et pensionnée par le roi. Corneille fait jouer la plupart de ses pièces par la troupe de Molière, tandis que Racine confie ses tragédies aux *Grands Comédiens* de l'Hôtel de Bourgogne. Dans cette compagnie s'illustrent alors deux célèbres actrices, Thérèse Du Parc et la Champmeslé, qui créeront les grands rôles féminins de Racine.

Le goût du spectacle est commun à la Cour et à la Ville. Les **divertissements royaux** sont l'occasion pour les auteurs de manifester leur talent. En août 1674, de somptueuses fêtes sont données dans le parc de Versailles. On y reprend *Alceste*, l'opéra de Quinault et Lulli, *Le Malade imaginaire*, comédie-ballet de Molière et Charpentier, et le divertissement final de *George Dandin* de Molière.

C'est au cours de ces festivités qu'est créée *Iphigénie*, dans un décor particulièrement grandiose ; la pièce se ressent de la vogue de l'opéra. En effet, depuis 1640, les tragédies à machines (avec des effets spéciaux) rencontrent un vif succès auprès du peuple de Paris. Après la Fronde, le théâtre du Marais se spécialise dans ce genre ; Corneille lui-même y prend part en 1660 avec *La Toison d'or*. Parallèlement, Molière invente la **comédie-ballet** en musique, notamment avec *Le Malade imaginaire* en 1673. L'**opéra** naît de ces deux courants ; il est particulièrement illustré, de 1672 à 1687, par la collaboration de Quinault et Lulli.

Racine, toujours soucieux de plaire, et d'aller au-devant des modes, introduit dans son art dramatique des éléments empruntés à l'esthétique de l'opéra. Le ton pathétique et solennel, les rebondissements et les coups de théâtre, le spectaculaire rattachent *Iphigénie* au genre de l'opéra : « *C'est l'opéra sans ses appareils, tout dans le pouvoir des vers et des mots* » (A. Viala).

Vaincre les rivaux

Les auteurs entretiennent des rapports de rivalité et d'émulation ; des **concours de poésie** permettent à chacun de donner sa mesure sur un thème imposé. Au théâtre, le ***doublage*** d'une pièce, c'est-à-dire la création concurrente d'une pièce sur le même sujet, fournit l'occasion de comparer les qualités respectives des dramaturges. Quelques jours après la première de la *Bérénice* de Racine,

---

1 Du nom de la salle dans laquelle se produit la troupe, sur l'emplacement de l'ancien hôtel que les ducs de Bourgogne possédaient à Paris.

Molière représente *Tite et Bérénice* de Corneille ; les critiques opposent alors la rigueur cornélienne à la tendresse racinienne. Racine n'eut rien à craindre de l'*Iphigénie* rivale de Coras et Le Cler, pièce médiocre représentée sans succès en mai 1675. Mais derrière ces doublages se cachent parfois de véritables **cabales**, manœuvres concertées pour faire tomber une pièce, comme ce fut le cas pour *Phèdre* en janvier 1677 : Pradon donne deux jours après la création de la tragédie de Racine sa propre version, qui obtient un triomphe artificiel. Les préfaces des pièces publiées sont pour l'auteur l'occasion de répondre aux reproches formulés par les critiques ; **Racine y défend la conformité de ses choix d'écriture avec les règles héritées des Anciens**, et concourt ainsi à la définition d'un canon de la tragédie classique.

Iphigénie : la relecture d'un mythe à l'âge classique

L'imitation au XVIIe siècle

Depuis la Renaissance, l'écrivain ne peut envisager son art sans se référer aux auteurs de l'Antiquité grecque ou latine ; il trouve dans leurs œuvres la source de son inspiration, et, en ce qui concerne le théâtre, le sujet et le plan de sa pièce. Dans *L'Avare*, Molière suit, parfois jusque dans les moindres détails, *L'Aululalia* de l'auteur latin Plaute. Corneille emprunte à Tite-Live le sujet d'*Horace*. Mais c'est surtout Racine qui revendique l'héritage des Anciens : parce qu'**ils ont atteint dans l'art de peindre la nature humaine un degré de perfection indépassable**, ils doivent être l'objet de l'admiration et de l'étude de l'écrivain. *La Thébaïde* s'inspire de Sénèque ; *Alexandre* de Quinte-Curce, *Andromaque* de Virgile ; *Britannicus* de Tacite ; *Bérénice* est un épisode de l'histoire romaine. Avec *Iphigénie*, Racine en s'inspirant d'Euripide prétend restaurer la tragédie grecque.

Iphigénie et la première querelle des Anciens et des Modernes

Au cours du XVIIe s., avec le progrès des sciences et l'épanouissement des belles-lettres apparaissent des idées nouvelles. Des esprits hardis entreprennent de dénoncer publiquement comme un préjugé dangereux une fidélité trop stricte aux traditions antiques. En 1674, Charles Perrault fait paraître une *Critique de l'opéra ou examen de la tragédie intitulée « Alceste ou le triomphe d'Alcide »*, dans laquelle il compare la tragédie d'Euripide et le livret d'opéra que Philippe Quinault, célèbre librettiste, en a tiré. Les modifications que celui-ci a apportées au texte initial marquent selon Perrault un progrès décisif des auteurs modernes sur les auteurs antiques.

Racine répond à cette critique en 1675 dans la préface d'*Iphigénie*, où il se pose d'emblée en **docte défenseur des Anciens**. Écartant la question de la valeur de l'*Alceste* de Quinault, il montre que l'objection principale de Perrault est en réalité fondée sur une erreur de typographie de la traduction latine dans laquelle il a lu Euripide. Si les partisans des Modernes n'ont pas goûté l'*Alceste* d'Euripide, c'est parce que, dans l'impossibilité où ils étaient de recourir au texte original, ils n'ont pas bien lu l'ouvrage. Racine termine sur un ton volontairement méprisant en citant Quintilien : « *Il faut être extrêmement circonspect et très retenu à prononcer sur les ouvrages de ces grands hommes, de peur qu'il ne nous arrive, comme à plusieurs, de condamner ce que nous n'entendons pas.* » La célèbre querelle ne fait que commencer : Perrault lancera l'attaque décisive en 1687, avec son poème *Le Siècle de Louis le Grand*, et il développera sa thèse dans le *Parallèle des Anciens et des Modernes*, dont il entreprend la publication dès 1688.

Cette polémique s'inscrit encore dans un autre débat sur **le poème chrétien**. Dès le milieu du siècle, des écrivains ont voulu réagir contre l'abus de la mythologie païenne et ont introduit dans leurs œuvres des thèmes chrétiens. Boileau prend parti en 1674, dans son *Art poétique*, en condamnant l'épopée de Desmarets de Saint-Sorlin, *Clovis ou la France chrétienne* (1657) ; il se déclare favorable au merveilleux mythologique et à ses ornements, mais bannit strictement le merveilleux chrétien. Le soin que met Racine à prouver ses sources dans la préface d'*Iphigénie* doit s'expliquer dans ce contexte ; l'auteur craint de voir sa pièce assimilée à une tragédie chrétienne, et il s'emploie par conséquent à défendre le caractère strictement mythologique des éléments merveilleux qui y apparaissent. Cette préface, véritable profession de foi en l'excellence des Anciens, s'inscrit donc à double titre dans la querelle des Anciens et des Modernes.

Les sources grecques de Racine

La famille des Atrides

Une malédiction pèse sur la famille des Atrides. Tantale, fils de Zeus, fait manger aux dieux son propre fils, Pélops ; pour cet acte barbare, il est condamné à éprouver éternellement la sensation d'une soif et d'une faim qu'il ne peut assouvir. Ce fatal héritage est transmis aux deux fils de Pélops, Atrée et Thyeste. Thyeste s'éprend de la femme de son frère, et obtient qu'elle le trompe avec lui ; Atrée s'en aperçoit, et pour se venger égorge les deux enfants de son frère, les fait couper en morceaux et les sert à leur père.

Pour obtenir les vents nécessaires au départ de la flotte vers Troie et apaiser la déesse Artémis, Agamemnon, fils d'Atrée, doit **sacrifier une vierge royale, Iphigénie sa fille**. Après le sacrifice d'Iphigénie et la guerre de Troie, de laquelle il revient vainqueur,

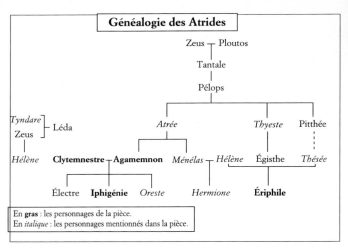

Généalogie des Atrides

Zeus — Ploutos

Tantale

Pélops

Atrée *Thyeste* Pitthée

Tyndare ⌐ Léda
Zeus ⌐

Hélène

Clytemnestre — **Agamemnon** *Ménélas* — *Hélène* Égisthe *Thésée*

Électre **Iphigénie** *Oreste* Hermione **Ériphile**

En **gras** : les personnages de la pièce.
En *italique* : les personnages mentionnés dans la pièce.

La Grèce d'*Iphigénie*

Hellespont *Xanthe (Scamandre)*
Troie

Larissa
THESSALIE

MER ÉGÉE

Lesbos

Aulis

PÉLOPONNÈSE Mycènes
Argos

MER IONIENNE

Sparte

100 km

Agamemnon est victime d'un complot : il périt assassiné par Clytemnestre, son épouse, et Égisthe, l'amant qu'elle s'est donné durant
l'absence de son mari. Oreste, le frère d'Iphigénie, venge ce crime
en tuant sa mère, accomplissant ainsi son funeste destin.

La légende d'Iphigénie

L'histoire d'Atrée et de sa descendance figure parmi les plus
connues de la mythologie. Eschyle, poète tragique grec du ve s. av.
J.-C., en a fait le sujet de sa trilogie *L'Orestie*, qui comprend trois
tragédies, *Agamemnon*, *Les Choéphores* et *Les Euménides*. La tragédie d'Euripide, *Iphigénie à Aulis*, représentée à Athènes en 405
av. J.-C., introduit une variante dans la légende : Iphigénie n'est pas
réellement sacrifiée mais enlevée par la déesse Artémis et remplacée
sur l'autel par une biche. C'est la version d'Euripide que Racine
reprend dans sa pièce, à l'exception toutefois du dénouement, jugé
contraire à la vraisemblance.

La légende connaît un prolongement, illustré par Euripide en 414
av. J.-C. dans *Iphigénie en Tauride*. Prêtresse d'Artémis en Tauride,
l'actuelle Crimée, Iphigénie doit immoler tout Grec qui sera trouvé
en ces lieux. Oreste, venu expier le meurtre de Clytemnestre, est fait
prisonnier et doit être sacrifié ; mais Iphigénie parvient à le sauver
et à s'enfuir avec lui.

Les relectures du mythe

Un mythe patriotique

La portée culturelle de la légende est attestée par les multiples
versions qu'en donne l'Antiquité ; chaque version représente une
interprétation particulière, liée au contexte historique dans lequel
l'œuvre s'inscrit. Euripide dénonce ainsi dans *Iphigénie à Aulis* la
guerre qui oppose alors Sparte et Athènes et l'affaiblissement dangereux qu'elle entraîne à l'intérieur du camp grec ; il en appelle à
l'alliance des cités grecques contre les Perses. L'enjeu du sacrifice
est le sort de la collectivité : par le dévouement d'un seul, c'est la
faute de tout un peuple qui est rachetée. Le sacrifice d'Iphigénie
ouvre la voie au salut collectif. La tragédie d'Euripide est une combi-
naison subtile entre la mise en œuvre poétique de motifs légendaires
et l'émergence d'intentions manifestement politiques.

L'*Iphigénie* de Racine a-t-elle aussi une dimension politique ? La
pièce est la célébration, par un auteur officiel, d'une victoire militaire
toute récente. Elle occupe une place de choix dans les fêtes orga-

nisées à Versailles après la seconde conquête de la Franche-Comté durant le printemps de 1674, et elle peut donc se lire comme une glorification de la monarchie. De la pièce d'Euripide, *Iphigénie* conserve certains éléments : l'opposition du cœur et du devoir, la critique de l'ambition et de la faiblesse du roi, la réussite politique du sacrifice. Cependant, si la pièce souligne la puissance de l'armée assemblée à Aulis, elle illustre aussi le conflit entre les intérêts de la raison d'État et la faiblesse de la fonction royale. Achille incarne à cet égard un véritable contre-pouvoir, opposé à la personne du souverain. **Racine estompe ainsi l'enjeu patriotique pour insister sur la crise du pouvoir**, et met en scène la passion du pouvoir dont les protagonistes sont animés.

Un mythe sanglant

Euripide comme Racine exploitent l'ambiguïté entre sacrifice et cérémonie nuptiale : Iphigénie est destinée à des noces de sang. La parure de la fiancée est identique à celle de la victime ; l'union, avec l'époux ou avec le dieu, se fait dans le sang versé. Mais au sacrifice sanglant se joint l'hérédité cruelle qui pèse sur une famille. **L'image du crime abominable du père qui dévore ses enfants parcourt la légende des Atrides**. Le festin de Thyeste se répète dans le crime d'Agamemnon. Le sacrifice est un festin ; Agamemnon ne dévore pas son enfant, il l'offre en pâture à la déesse, témoignant ainsi d'une hérédité meurtrière. Chez Racine, de surcroît, le drame privé s'élargit au camp tout entier, menaçant l'ordre politique de la cité. La division de la famille trouve une image amplifiée dans la guerre civile qui manque d'éclater. Au carnage familial répond la vaste épopée sanglante que semble devoir ouvrir la rébellion d'Achille.

Racine a su peindre dans les formes les plus raffinées la violence d'un mythe qui multiplie les images de carnage, réalisant par là une conciliation entre le goût du public et l'inspiration des Anciens : *« le goût de Paris s'est trouvé conforme à celui d'Athènes »* (préface).

Un mythe de la rédemption

Racine a accordé à la virginité immolée un pouvoir rédempteur : **la faute des hommes est rachetée par le sacrifice volontaire de l'innocent**.

Dans la pièce d'Euripide, Iphigénie repousse dans un premier temps l'idée de la mort avec horreur, puis, devant le conflit qui se prépare entre Achille et les Grecs, elle se résout à mourir. Mais à travers le sacrifice de soi perce un désir de glorification personnelle : à la conquête de Troie l'histoire attachera désormais le nom d'Iphigénie. La mort est assortie d'une rétribution posthume dans le souvenir ; ainsi le sacrifice apparaît comme une valorisation de l'individu qui grâce à son dévouement est promu héros d'un peuple.

Il n'en va pas de même chez Racine : Iphigénie, loin de rechercher un quelconque salut historique, s'efface tout entière devant le destin des Grecs et devant le destin d'Achille. Sa mort doit ouvrir aux Grecs la route de Troie et assurer à Achille une glorieuse destinée, introduisant ainsi au *« récit d'une si belle histoire »* (v. 1558). La mort d'un seul va libérer le cours des événements, en mettant fin à cette paralysie de l'action que représente le moment tragique. Dans son entretien final avec Achille (V, 2), Iphigénie offre à l'imagination le spectacle du champ de bataille de Troie, prélude à la geste homérique de l'*Iliade* dans laquelle Achille doit s'illustrer. Par son sang répandu, elle va féconder cette terre et en faire naître les exploits qui rendront Achille immortel.

> *« Ce champ si glorieux, où vous aspirez tous,*
> *Si mon sang ne l'arrose est stérile pour vous »* (v. 1539-1540).

La vierge n'est plus seulement fille ou amante, elle devient mère d'un peuple et mère d'une histoire. La mort devient signe d'une naissance à un destin épique. Ainsi le renoncement d'Iphigénie à l'accomplissement de son bonheur individuel – son union avec Achille – se trouve magnifié par la maternité symbolique à laquelle elle est appelée.

Cette lucidité, grandissante au cours des deux derniers actes, sur le rôle qu'elle joue dans le drame d'Aulis porte aussi Iphigénie à se préoccuper des conséquences politiques et familiales de sa mort. Sa prière à Agamemnon (IV, 4) manifeste déjà ce souci de prévenir le désespoir d'un amant et les pleurs d'une mère. Durant l'acte V, elle mène une double stratégie qui consiste à neutraliser Achille et à isoler Clytemnestre, de sorte que l'un ni l'autre n'interviennent dans l'accomplissement de la cérémonie. Elle s'emploie encore à détourner sa mère de toute intention de vengeance, tentant ainsi de conjurer le destin sanglant qui pèse sur la famille des Atrides. Sa mort doit en effet permettre la réalisation du destin de la cité, sans pour autant rompre l'unité de la famille. Iphigénie entend racheter par son sang versé la totalité des fautes commises ; la rédemption se doit d'être universelle.

Le personnage de Racine n'est pas seulement l'enjeu d'une lutte entre deux partis adverses ; loin de subir son destin, Iphigénie le

prend en main, s'élevant à la stature d'une figure rédemptrice. Contrairement au personnage d'Euripide, elle n'est pas seulement *sacrifiée*, mais encore *sacrifiante*, de sa propre personne victime volontaire.

Racine s'inspire des Anciens, et il revendique cet héritage face aux tenants du progrès en littérature. Mais sa relecture du mythe d'Iphigénie va bien au-delà des enjeux politiques ou religieux qu'Euripide avait introduits dans sa pièce ; reprenant le contenu du mythe, Racine a su le transposer dans son temps, et **dans les formes d'une tragédie grecque, il a mis en scène le drame de la conscience chrétienne**.

◄ Bateau grec sur un vase à figures noires. Coupe du potier Nicosthènes, 520-510 av. J.-C. (Musée du Louvre, Paris.)

Le théâtre de la conscience tragique

L'élaboration du système tragique

Naissance de la tragédie classique

Le théâtre de Racine marque l'aboutissement d'une évolution du genre tragique au cours du XVIIᵉ s. Les tragédies comptent moins de personnages, les figures secondaires disparaissent, le confident prend un caractère et un rôle propres ; certaines formes admises à la fin du XVIᵉ et au début du XVIIᵉ s. se raréfient ou disparaissent : les chœurs, les stances, les monologues, sont moins longs et moins nombreux. Cette évolution, guidée par la lecture de la *Poétique* d'Aristote, aboutit à une codification du genre tragique, dont l'abbé d'Aubignac dans sa *Pratique du théâtre* (1657), puis Boileau dans *L'Art poétique* (1674) énoncent les principes.

La tragédie se définit comme **un poème en alexandrins, divisé en cinq actes, qui imite les actions et les discours de personnages de rang élevé**. La dramaturgie impose un plan qui détermine le déroulement de l'action : l'exposition, le nœud, la péripétie et le dénouement. Les personnages, ni tout à fait bons ni tout à fait méchants, inspirent au spectateur terreur et pitié. La structure de la pièce doit se conformer à certaines règles, les fameuses **trois unités** (action, temps et lieu) qui imposent une simplification de l'intrigue, un resserrement de l'action dans le cadre d'une journée et la représentation en un lieu unique. La vraisemblance assujettit la vérité au bon sens et limite par conséquent l'originalité des situations ; elle permet cependant d'offrir au spectateur des exemples de conduite. La fin morale poursuivie par le théâtre exige le respect des bienséances : on bannit de la scène les actes violents ou triviaux ; chaque personnage s'exprime dans le registre qui convient à son rang. Avec Racine, la tragédie renonce à la fantaisie et au pittoresque ; elle ne repose plus sur une anecdote, mais elle souligne la constance et l'universalité des passions humaines.

La règle des trois unités et la concentration tragique

Racine a tiré le meilleur parti des règles qui lui étaient imposées. L'action est organisée selon un déroulement qui ménage le suspense jusqu'au bout, tout en multipliant les péripéties. Les nombreux revirements d'Agamemnon sont autant de rebondissements qui à chaque fois font espérer une issue heureuse, alors que le moment fatidique approche :

> « *Il l'attend à l'autel pour la sacrifier* » (v. 912).

À mesure que la pièce avance vers sa fin, la tension monte, une catastrophe se prépare. Le dénouement marque la résolution du conflit et scelle le sort des personnages. **Racine insiste sur la cohérence dramatique de sa pièce, autrement dit sur l'unité d'action :** « *Ainsi le dénouement de la pièce est tiré du fond même de la pièce* » (préface, p. 22).

L'action d'*Iphigénie* débute à l'aube d'une journée où doit se décider le sort de la jeune fille ; la règle des vingt-quatre heures impose une urgence dans les décisions et exacerbe les conflits. Ce resserrement de la pièce dans le cadre d'une journée, qui a pour effet d'assurer à l'action sa densité, mène à certaines invraisemblances. Les entractes permettent d'y remédier en supposant les actions qui ne se déroulent pas sur scène. Mais d'un autre côté, les réactions, avivées par la conscience d'une échéance prochaine, font surgir des sentiments d'une intensité et d'une vérité exceptionnelles : « *Dans une heure elle expire* » (v. 1083). **L'unité de temps met à nu les individus et, en leur ôtant leur masque, révèle le fond de leur humaine nature**.

Aulis, plus qu'un port, est un enfermement pour la flotte qui ne peut prendre la mer faute de vent. **Ce lieu provisoire d'une armée en bivouac symbolise l'incertitude du destin** et les hésitations répétées d'Agamemnon. Il jouxte deux espaces hors scène : l'autel, passage obligé vers Troie, et la route de Mycènes, fuite pour Iphigénie et Clytemnestre. Entre les deux, la tente d'Agamemnon, lieu représenté sur scène, est cet espace ouvert où tout semble possible, parce que rien ne s'y décide réellement. Troie, Mycènes, l'autel, plus que des lieux réels offerts à l'imagination du spectateur, sont des enjeux de l'action et, dans les discours des personnages, des arguments. L'unité de lieu, loin d'être une contrainte, s'impose donc comme une des données de l'action.

Ainsi la règle des trois unités n'est pas pour le dramaturge une limitation ; elle contribue au contraire à l'élaboration du système tragique.

Les règles sont subordonnées au plaisir que la pièce peut procurer au public. « *La principale règle est de plaire et de toucher* » (préface de *Bérénice*). Pour justifier la création du personnage d'Ériphile, qui, contrairement à la légende, est sacrifié à la place d'Iphigénie, Racine invoque certes les exigences de bienséance, de vraisemblance et de nécessité ; mais il termine sa démonstration par l'argument du « *plaisir* » qu'il « *fait au spectateur* ».

Le héros tragique

La place d'Ériphile dans la pièce

Le héros tragique vit dans la certitude que des forces déterminent le cours de son existence au point de lui retirer la maîtrise de ses actes. Ériphile se croit soumise à un destin qui lui interdit le bonheur et la condamne à une fin tragique :

« *Je suis et je serai la seule infortunée.* » (v. 1122)

Ériphile n'a pas d'origine connue. Sans famille, elle est aussi sans nom ; c'est par un sobriquet qu'on la désigne : celle « *qui aime la querelle* ». Sa présence en début et en fin d'acte souligne la place marginale qu'elle occupe dans l'action de la pièce, dont elle n'est qu'un témoin passif. Quel rôle cette « étrangère », cette « captive » peut-elle en effet jouer dans le drame d'une famille divisée ? Le prétexte de sa venue en Aulide est le désir d'interroger Calchas pour connaître ainsi le mystère de son origine. Aussi n'a-t-elle avec les autres personnages que des échanges très restreints. C'est dans ses entretiens avec sa suivante Doris qu'elle se montre elle-même, sans souci de déguiser son discours. **Ce personnage, sans fonction dramatique propre, conquiert au cours de la pièce sa place au cœur même de l'action** ; le projet de trahison qu'elle mûrit d'acte en acte la mène dans la scène finale à être, au centre du dénouement, le *deus ex machina*.

Privée d'un lieu et d'une existence propres, Ériphile vit en imagination et projette ses désirs sur la scène de sa conscience, se constituant ainsi un théâtre intérieur. Elle revit sa rencontre avec Achille à travers le récit qu'elle en fait à Doris (II, 1) : la scène, par sa seule évocation, est une réalisation symbolique du désir. De même, la vision de carnage qui provoque l'enthousiasme d'Ériphile à la scène 1 de l'acte IV manifeste l'impuissance et la folie du personnage.

Ériphile et la conscience du destin tragique

Ériphile est le personnage tragique de la pièce, car en elle s'allient la conscience aiguë d'une réprobation et la révolte contre l'injustice du destin. Frappée de la marque infamante de la faute, Ériphile fuit le regard des dieux et des hommes parce qu'il porte le jugement qui la condamne. Aussi se tient-elle à l'écart des autres personnages, dans une semi-obscurité propice aux noirs projets qu'elle nourrit en secret. L'approche de Clytemnestre à l'acte IV la fait fuir.

> « *J'entends du bruit. On vient. Clytemnestre s'avance.*
> *Remettez-vous, Madame, ou fuyez sa présence* » (v. 1137-1138).

Après le tête à tête avec Achille où elle découvre que l'amour du prince pour Iphigénie est resté inchangé, elle avoue sa confusion :

> « *Dieux, qui voyez ma honte, où me dois-je cacher ?* » (v. 756)

Le seul refuge absolu, c'est dans la mort qu'elle peut le trouver ; aussi la tentation du suicide est-elle constante chez le personnage :

> « *Je périrai, Doris, et par une mort prompte*
> *Dans la nuit du tombeau j'enfermerai ma honte* » (v. 525-526).

Mais rapidement naît le projet d'entraîner Iphigénie dans la mort (v. 765-766). **Le projet d'autodestruction se double d'un rêve de destruction universelle**.

Ériphile, par une prescience des événements qui confine à la divination, anticipe l'annonce du drame, avant même que les intéressés, Iphigénie, Clytemnestre et Achille, n'en soient mis au courant par Arcas.

> « *J'ai des yeux. Leur bonheur n'est pas encor tranquille.*
> *On trompe Iphigénie. On se cache d'Achille* » (v. 761-762).

Sa jalousie lui donne une lucidité pessimiste, tout au rebours de l'aveuglement optimiste dont font preuve les autres personnages (III, 4). Ériphile sait lire les signes, et derrière les apparences trompeuses elle met au jour la vérité.

Le langage tragique

L'ironie du langage tragique

Le langage n'exprime pas toujours la vérité ; il véhicule parfois les apparences trompeuses dont s'entourent les personnages. Arcas célèbre la puissance et le bonheur d'Agamemnon au moment même où celui-ci est confronté à la douloureuse alternative du sacrifice d'Iphigénie (I, 1) ; il renvoie ainsi à son maître une image de lui-même déformée et décalée. Doris fait devant Ériphile l'éloge d'Iphigénie (II, 1), sans se douter de la jalousie dont sa maîtresse est dévorée. Dans ces circonstances, le langage se fait l'instrument d'un jeu cruel du destin qui souligne le malheur dans lequel le personnage est plongé.

Le personnage n'est pas toujours sensible à l'ironie du langage ; seul le spectateur est en mesure d'apprécier l'effet tragique de l'équivoque. Certains mots, comme l'« *autel* » (v. 788, 820, 898), la « *pompe sacrée* » (v. 801), le « *spectacle* » (v. 812), la « *cérémonie* » (v. 857) revêtent un double sens : ils renvoient à la fois au mariage et au sacrifice, et **le tragique est que la victime ne les entend que dans un seul sens**. Le dialogue entre Agamemnon et Iphigénie (II, 2) est un modèle de communication faussée ; il souligne de façon pathétique la naïveté d'Iphigénie, dont celle-ci ne reviendra qu'à la scène 5 de l'acte III :

« *Et voilà donc l'hymen où j'étais destinée !* » (v. 925)

Le « *funeste artifice* » (v. 92) d'Agamemnon est un piège linguistique : il exploite l'ambiguïté du langage et construit un univers de la tromperie.

L'acte III illustre la contingence extrême du bonheur humain, en même temps qu'il offre un exemple de l'ironie tragique. La scène 4 s'apparente à la conclusion d'une comédie : Achille, successivement accepté pour gendre par la mère, puis par le père, annonce son union avec Iphigénie. Prince magnanime, il met un comble à l'heureux dénouement en affranchissant Ériphile de la captivité dans laquelle elle était tenue. L'« *heureuse journée* » (v. 869) semble tirer à sa fin. L'arrivée d'Arcas lève le voile sur la sombre machination d'Agamemnon. Suit une scène où chacun des personnages, surpris de se trouver précipité dans l'univers tragique, fait entendre un cri de stupeur (v. 913). L'auteur recourt au mélange des genres afin de faire apparaître dans toute sa violence l'écart entre l'illusion du bonheur et la cruelle réalité. La prière d'Iphigénie tire son caractère pathétique de la rencontre de deux univers incompatibles : la jeune fille, promise à un dénouement de jeune amoureuse de comédie, se trouve confrontée au destin tragique d'une martyre.

La communication impossible

Les deux premiers actes sont dominés par les entretiens, disputes, conflits verbaux dans lesquels les personnages opposent leurs points de vue et règlent leurs différends. Ulysse, dans une longue tirade, emploie successivement les armes de la logique et de la persuasion pour vaincre les résistances d'Agamemnon à sacrifier Iphigénie (I, 3). Achille convainc Agamemnon puis Clytemnestre de la sincérité de son amour pour Iphigénie, avant d'exprimer à cette dernière ses sentiments en des propos d'un style galant (III, 3).

Ces formes très élaborées du discours cèdent devant l'horreur de la nouvelle du sacrifice d'Iphigénie (III, 5). La rhétorique se dissout dans les cris à peine articulés du vers 913. En effet, la parole de l'oracle ne laisse pas de place à la discussion ; l'individu doit accepter, comme Iphigénie, ou alors se révolter, comme Achille. Mais nul ne peut modifier le cours des choses ; l'homme découvre qu'il n'est plus dans ses moyens d'agir sur le cours des événements, et que ses actes sont subordonnés à un dessein qui lui échappe. Dès lors le langage n'est plus vecteur de communication entre les hommes, mais il manifeste la révolte intérieure de l'individu contre son destin.

La poétique des fureurs

Le personnage, quand il cède à l'emportement de la passion qui l'anime, délaisse le langage mesuré et poli pour un mode d'expression qui traduit par son excès la violence de son sentiment. Le langage des *fureurs* se caractérise par l'invective, apostrophe vive et insultante ; par l'interrogation oratoire, fausse question qui met l'interlocuteur en accusation ; par l'anaphore (☞ p. 173), qui rythme le discours et lui imprime son style emphatique. Clytemnestre, abandonnant à la scène 4 de l'acte IV le ton respectueux qu'elle montrait pour Agamemnon au début de l'acte III, exprime son indignation en une tirade où les mots « *cruel* » et « *barbare* » reviennent à plusieurs reprises. Cette longue suite d'invectives laisse Agamemnon abattu :

« *À de moindres fureurs je n'ai pas dû m'attendre* » (v. 1313).

Clytemnestre montre des visages différents au cours de la pièce. Hautaine quand elle apostrophe Ériphile à la scène 4 de l'acte II, elle apparaît humble dans les supplications qu'elle adresse à Achille (III, 5) :

« *Oubliez une gloire importune.*
Ce triste abaissement convient à ma fortune » (v. 929-930).

La reine s'efface derrière la mère, qui n'hésite pas à déchaîner une tempête verbale sur Agamemnon, puis, dans l'impossibilité de trouver un responsable au meurtre de sa fille, elle s'abîme dans la folie.

« *Ah ! toute ma raison*
Cède à la cruauté de cette trahison » (v. 1295-1296).

À la scène 4 de l'acte V, Clytemnestre prend à partie la mer et le soleil, donnant à ses lamentations une dimension cosmique. Le crime d'Agamemnon, acte contraire à l'ordre de la nature, introduit dans l'univers le chaos, bouleversement des lois de la nature.

« *Et toi, Soleil, [...],*
Recule, ils t'ont appris ce funeste chemin » (v. 1685-1688).

La guerre, la famille, le mariage constituaient un univers ordonné, auquel correspondait un langage conventionnel, respectueux des normes sociales et des devoirs de chacun. Le sacrifice d'Iphigénie brise cet ordre et fait naître un langage nouveau, où les mots, loin d'assurer la communication entre les êtres, renvoient à des situations sans issue, et signifient la rupture.

Dans *Iphigénie*, tous les personnages ne sont pas également pénétrés de la conscience de leur destin ; seule Ériphile sait dès le commencement qu'il n'y a pas de solution au conflit qui oppose l'homme à son sort. Ce personnage, qui tient une place à part dans la pièce, introduit sur l'existence un regard tragique qui peu à peu gagne tous les autres caractères. Le langage signifie alors la cruauté du sort auxquels les personnages sont soumis ; et le spectateur assiste au dérèglement d'un ordre et d'un discours. Le théâtre de la conscience tragique lui renvoie l'image de sa propre précarité.

	Scènes	PERSONNAGES											Hors scène
		Agamemnon	Achille	Ulysse	Clytemnestre	Iphigénie	Ériphile	Arcas	Eurybate	Ægine	Doris	Gardes	
ACTE I	1							■					
	2	■	■	■									Arcas part à la rencontre de Clytemnestre et d'Iphigénie pour leur remettre une lettre d'Agamemnon les détournant de venir. Il ne les trouve pas, et les princesses entrent dans le camp sous les acclamations de l'armée.
	3	■											
	4	■							■				
	5	■											
ACTE II	1					■					■		Agamemnon accueille Clytemnestre et Iphigénie.
	2	■									■		
	3					■		■					Arcas remet à Clytemnestre la lettre d'Agamemnon.
	4					■							
	5					■						■	Clytemnestre s'apprête à regagner Mycènes, et attend Agamemnon pour l'en avertir.
	6		■								■		
	7							■					
	8							■					

Entracte : Achille convainc Clytemnestre de sa bonne foi, et la décide à rester à Aulis.

	Scènes	Agamemnon	Achille	Ulysse	Clytemnestre	Iphigénie	Ériphile	Arcas	Eurybate	Ægine	Doris	Gardes	Hors scène
ACTE III	1	■			■	■					■		
	2	■			■								Agamemnon accepte Achille pour gendre.
	3	■											
	4	■	■		■	■		■			■		Arcas doit aller chercher Iphigénie.
	5	■	■		■	■	■						

159

Scènes	PERSONNAGES											Hors scène
	Agamemnon	Achille	Ulysse	Clytemnestre	Iphigénie	Ériphile	Arcas	Eurybate	Ægine	Doris	Gardes	
6	■				■							Clytemnestre cherche en vain à rencontrer Agamemnon.
7		■							■			
ACTE IV												
1					■	■			■			Iphigénie plaide la cause d'Agamemnon auprès de Clytemnestre.
2					■				■			Agamemnon vient chercher Iphigénie.
3	■				■							
4	■				■							
5	■											
6	■	■										
7	■											
8	■							■			■	
9	■											
10	■			■	■							
11	■											

Entracte : Ériphile révèle le projet de fuite de Clytemnestre et d'Iphigénie. Celles-ci sont arrêtées par l'armée.

Scènes	PERSONNAGES											Hors scène
ACTE V												
1					■				■			Achille rassemble des soldats pour défendre Iphigénie.
2		■										Calchas exhorte l'armée à réclamer le sacrifice d'Iphigénie.
3				■			■				■	
4				■								Calchas révèle le sens de l'oracle. Ériphile se sacrifie. Achille et Agamemnon se réconcilient.
5				■		■						
6			■	■							■	

Les personnages en scène

1. Classez les personnages selon la fréquence de leurs apparitions sur scène. Qu'en concluez-vous ?

2. Quelle scène réunit le plus grand nombre de personnages ? Quelles scènes en réunissent le moins ? Quelles nécessités dramatiques expliquent ces différences ?

3. Dans quels actes Agamemnon est-il présent ? Comment interpréter son absence dans les autres actes ?

4. Quels personnages le début de chaque acte met-il en présence ? Quel est le point commun entre ces dialogues ? Ces personnages restent-ils en scène par la suite ?

5. Quels personnages restent à peu près constamment muets durant la pièce ? Leur présence sur scène est-elle significative ? Pourquoi ?

Les événements hors scène

6. Quels sont les différents lieux hors scène ? Quels rapports entretiennent-ils entre eux ? La tente d'Agamemnon représente-t-elle un lieu déterminé ?

7. On ne sait pas toujours ce que font les personnages absents de la scène. Imaginez, d'après les indices que vous trouverez dans la pièce, ce que fait Ériphile aux actes IV et V.

8. Durant les entractes, des événements adviennent qui ne sont pas représentés en scène, comme la trahison d'Ériphile entre l'acte IV et l'acte V. Pour quelles raisons l'auteur a-t-il choisi de ne pas montrer ces faits ?

Les thèmes

◥◻ Ambition

L'orgueil d'Agamemnon et sa soif de pouvoir le rendent particulièrement sensible aux discours séducteurs que lui tient Ulysse. Ce courtisan adroit s'emploie à exalter l'imagination du roi en lui « représentant » (v. 74) l'étendue du pouvoir qu'il sera appelé à exercer, en lui faisant entrevoir la postérité que lui vaudra sa participation à la guerre de Troie (v. 387-388). La faiblesse d'Agamemnon n'a d'égal que le ton autoritaire sur lequel il s'adresse à Clytemnestre (III, 1) ou à Achille (IV, 6), se montrant conforme au rôle d'époux et de suzerain.

Achille court lui aussi après le destin héroïque auquel il est promis ; mais il manifeste, dans son désir de conquête, l'assurance que lui donne la conscience de sa force : « *C'est à Troie, et j'y cours* » (v. 265). Conformément à sa vocation de héros, son ambition est de s'égaler aux dieux par la gloire que pourront lui procurer ses exploits (v. 262-264). Dans la querelle qui oppose le vieux roi au jeune guerrier (IV, 6), c'est l'ambition des personnages qui est en cause : lequel des deux porte la responsabilité de la guerre ? qui sera cause de la mort d'Iphigénie ?

◥◻ Dieux

Le mot « *dieux* » est employé 71 fois, contre 74 pour l'ensemble des six tragédies précédentes de Racine. Ce nombre élevé traduit une place accrue du divin dans la pièce. Les dieux n'interviennent jamais directement, mais toujours par l'intermédiaire de l'oracle, de la légende ou du « *soldat étonné* » (v. 1781). Leur rôle même ne semble pas déterminant dans l'action. S'ils sont fréquemment invoqués comme motifs de l'action, ils sont en réalité utilisés comme *alibi* par les hommes, qui parviennent ainsi à échapper à leurs responsabilités. Ériphile couvre du voile de la religion le projet odieux qu'elle médite (v. 1139-1140). Agamemnon oppose à tout dialogue l'ultimatum de l'oracle (v. 1219) ; mais Clytemnestre le démasque : « *c'est à ces dieux que vous sacrifiez* » (v. 1288). L'ambition, l'orgueil, la volonté de puissance sont les vrais mobiles du roi. Ainsi les dieux apparaissent comme le masque qui couvre les passions humaines.

Achille, seul de tous les personnages, n'admet pas l'idée de providence divine (v. 260) ; il oppose au destin le libre arbitre, et va jusqu'à contester le caractère définitif des arrêts divins : « *Cet oracle est plus sûr que celui de Calchas* » (v. 1080).

Famille et hérédité

Dans aucune autre pièce Racine n'a fait figurer une famille aussi complètement constituée : au noyau familial (père, mère, fille) s'ajoutent les ascendants (les Atrides), et l'alliance prochaine d'Achille. *Iphigénie* est un drame familial : le conflit naît de l'opposition entre l'ordre de la cité et l'ordre de la famille. Agamemnon choisit-il d'être père ou d'être roi (v. 1318) ? Ses tentatives répétées de conciliation entre le pouvoir et la paternité fondent la structure dramatique de la pièce ; Agamemnon ne peut regarder sa fille en face (v. 553), comme il ne peut reconnaître celle qu'on s'apprête à sacrifier, préférant se voiler le visage (v. 1706). La figure du père, centrale dans la pièce, impose sa loi à la fille et à l'épouse, mais appelle également une relation d'étroite intimité : au nom de fille, « *dont les droits sont si saints* » (v. 115) répond le « *doux nom de père* » (v. 1190). Iphigénie indique la force des liens qui l'unissent à Agamemnon quand elle s'écrie : « *Quel bonheur de me voir la fille d'un tel père !* » (v. 546). Ni l'amour d'Achille, ni la colère de Clytemnestre ne réussiront à rompre la relation privilégiée qui unit le père et la fille.

Iphigénie cherche à préserver l'unité familiale de l'éclatement que sa mort pourrait entraîner : elle retient l'emportement de Clytemnestre et la détourne de la vengeance qu'elle pourrait méditer contre Agamemnon (V, 3).

L'hérédité sanglante des Atrides poursuit Agamemnon, comme le rappelle Clytemnestre, qui fait justement rimer « *Thyeste* » avec « *funeste* » (v. 1245-1246). L'individu ne peut échapper aux déterminations du *sang* ; quoi qu'il fasse, **il est amené à répéter l'horrible histoire familiale**.

Faute

Pour quelle faute les Grecs sont-ils punis ? Pas plus que dans Euripide il n'est répondu clairement à cette question. S'agit-il du crime d'Hélène, comme le suggère Clytemnestre ? C'est alors à Hermione qu'il revient d'expier la faute de sa mère, non à Iphigénie

(v. 1265-1266). **L'arbitraire du châtiment**, qui prend pour victime la pureté et l'innocence personnifiées, scandalise et provoque un sentiment d'injustice.

De quelle faute Ériphile subit-elle les conséquences funestes ? Est-ce l'adultère de Thésée, l'amour coupable qu'elle éprouve pour Achille, l'ennemi ? La conscience de la faute dépasse chez ce personnage la réduction à une faute particulière. Ériphile a conscience d'être frappée d'une « *infortune* » (v. 518), en vertu d'un sort contraire qui cause tous ses « *malheurs* » (v. 520).

⬛ Noms

Nommer, c'est désigner pour condamner, comme l'oracle qui voue Iphigénie à sa perte, ou pour élire, comme les chefs grecs qui mettent Agamemnon à leur tête. Mais surtout le nom fait exister l'individu cité dans la parole des autres. Achille s'indigne de l'abus qu'Agamemnon a fait de son nom (v. 1325), cause du drame. Ériphile est « *sans nom* » (v. 708), et par conséquent « *inconnue* » (v. 449). Elle n'est désignée que par un sobriquet : Ériphile signifie en grec « *qui aime la querelle* ».

Toute la pièce repose sur une équivoque malheureuse, une fâcheuse synonymie aux conséquences tragiques. Curieusement, dans cette révélation finale de son origine, Ériphile ne recouvre pas l'intégrité de son nom : elle reste « l'autre » pour Calchas qui la nomme « *un autre sang d'Hélène, une autre Iphigénie* » (v. 1745).

⬛ Vengeances

Le premier mobile de l'action est la vengeance. Tout commence par une histoire d'adultère ; mais la querelle domestique devient un enjeu politique : les Grecs veulent laver l'affront subi par l'enlèvement d'Hélène. Les dieux aussi sont irrités ; il faut les apaiser ; le devin est là pour éclairer sur les moyens. À travers l'holocauste, c'est le rachat de la collectivité entière qui est en jeu. La vengeance d'Ériphile précipite le dénouement ; sa jalousie contre Iphigénie n'a d'autre raison qu'un bonheur insupportable à ses yeux de réprouvée (v. 508). Elle se venge d'un sort qui lui est contraire, et de la bonté même dont Iphigénie lui inflige le supplice. Son désir de vengeance ne se limite pas à la seule Iphigénie, mais s'étend à tous les Grecs, dans un rêve de carnage où le personnage apparaît comme la personnification de la discorde.

La jeune fille et la mort

BERNARDIN DE SAINT-PIERRE • *PAUL ET VIRGINIE* • 1788

La vertu au prix de la mort

Sur le point d'accoster à l'île de France, l'actuelle île Maurice, où Virginie doit retrouver Paul, son fiancé, le Saint-Géran *est pris dans une tempête et brisé sur les rochers.*

On vit alors un objet digne d'une éternelle pitié : une jeune demoiselle parut dans la galerie de la poupe du Saint-Géran, tendant les bras vers celui qui faisait tant d'efforts pour la joindre. C'était Virginie. Elle avait reconnu son amant à son intrépidité. La vue de cette aimable personne, exposée à un si terrible danger, nous remplit de douleur et de désespoir. Pour Virginie, d'un port noble et assuré, elle nous faisait signe de la main, comme nous disant un éternel adieu. Tous les matelots s'étaient jetés à la mer. Il n'en restait plus qu'un sur le pont, qui était tout nu et nerveux comme Hercule. Il s'approcha de Virginie avec respect : nous le vîmes se jeter à ses genoux, et s'efforcer même de lui ôter ses habits ; mais elle, le repoussant avec dignité, détourna de lui sa vue. On entendit aussitôt ces cris redoublés des spectateurs : « Sauvez-la, sauvez-la ; ne la quittez pas ! » Mais dans ce moment une montagne d'eau d'une effroyable grandeur s'engouffra entre l'île d'Ambre et la côte, et s'avança en rugissant vers le vaisseau, qu'elle menaçait de ses flancs noirs et de ses sommets écumants. À cette terrible vue le matelot s'élança seul à la mer ; et Virginie, voyant la mort inévitable, posa une main sur ses habits, l'autre sur son cœur, et levant en haut des yeux sereins, parut un ange qui prend son vol vers les cieux.

BERNARDIN DE SAINT-PIERRE, *Paul et Virginie*, 1788.

QUESTIONS

1. Relevez les termes qui marquent l'horreur de la mort et ceux qui soulignent la sérénité de Virginie. Cette indifférence envers la mort est présente aussi chez Iphigénie : est-elle motivée chez celle-ci par les mêmes sentiments ? Justifiez votre réponse.

2. Sachant que Virginie renvoie à *« vierge »* en latin, et que la jeune fille est chrétienne, précisez le sens de la comparaison finale avec l'ange. Peut-on dire que Virginie échappe à la mort ? Pourquoi ?

CHÉNIER • *LA JEUNE CAPTIVE* • 1794

Le désir de vivre

Arrêté pendant la Révolution, le poète André Chénier attend la mort en prison. Il s'éprend d'une jeune compagne de captivité, Aimée de Coigny, et lui prête ces paroles.

« Est-ce à moi de mourir ? Tranquille je m'endors
Et tranquille je veille ; et ma veille aux remords
  Ni mon sommeil ne sont en proie.
Ma bienvenue au jour me rit dans tous les yeux ;
Sur des fronts abattus, mon aspect dans ces lieux
  Ranime presque de la joie.

Mon beau voyage encore est si loin de sa fin !
Je pars, et des ormeaux qui bordent le chemin
  J'ai passé les premiers à peine.
Au banquet de la vie à peine commencé,
Un instant seulement mes lèvres ont pressé
  La coupe en mes mains encor pleine.

Je ne suis qu'au printemps, je veux voir la moisson,
Et comme le soleil, de saison en saison,
  Je veux achever mon année.
Brillante sur ma tige et l'honneur du jardin,
Je n'ai vu luire encor que les feux du matin ;
  Je veux achever ma journée.

Ô mort ! tu peux attendre ; éloigne, éloigne-toi ;
Va consoler les cœurs que la honte, l'effroi,
    Le pâle désespoir dévore.
Pour moi Palès[1] encore a des asiles verts,
Les Amours des baisers, les Muses des concerts.
    Je ne veux point mourir encore. »

André CHÉNIER, *La Jeune Captive*, v. 19 à 42, 1794.

QUESTIONS

1. À travers quelles images la jeune captive exprime-t-elle son désir de vivre ? Sur quels points cette conception de l'existence s'oppose-t-elle à celle d'Iphigénie ?

2. Étudiez les rythmes et les sonorités dans la première et dans la dernière strophe : comment suggèrent-ils l'harmonieuse circularité de la vie d'une part et le refus énergique de la mort d'autre part ?

3. Relevez les tournures qui expriment l'idée d'inachèvement. Quel effet produit sur le lecteur l'expression répétée de ce refus de la mort ?

CHATEAUBRIAND • *ATALA* • 1801

La vie après la mort

Chactas, vieil indien de la tribu des Natchez, fait le récit de sa jeunesse. Son amour pour Atala, métisse hispano-indienne élevée dans la religion chrétienne et vouée par sa mère à la virginité, mène à une fin tragique, puisque la jeune fille préfère le suicide au parjure de ce vœu.

« Le prêtre ouvrit le calice ; il prit entre ses deux doigts une hostie blanche comme la neige, et s'approcha d'Atala, en prononçant des mots mystérieux. Cette sainte avait les yeux levés au ciel, en extase. Toutes ses douleurs parurent suspendues, toute sa vie se rassembla sur sa bouche ; ses lèvres s'entr'ouvrirent et vinrent avec respect chercher le Dieu caché sous le pain mystique. Ensuite le divin vieillard trempe un peu de coton dans

---

1 *Palès* : déesse latine des pasteurs et des troupeaux.

une huile consacrée ; il en frotte les tempes d'Atala, il regarde un moment la fille mourante, et tout à coup ces fortes paroles lui échappent : "Partez, âme chrétienne : allez rejoindre votre Créateur !" Relevant alors ma tête abattue, je m'écriai, en regardant le vase où était l'huile sainte : "Mon père, ce remède rendra-t-il la vie à Atala ?" – "Oui, mon fils, dit le vieillard en tombant dans mes bras, la vie éternelle !" Atala venait d'expirer. »

Dans cet endroit, pour la seconde fois depuis le commencement de son récit, Chactas fut obligé de s'interrompre. Ses pleurs l'inondaient, et sa voix ne laissait échapper que des mots entrecoupés.

François-René de CHATEAUBRIAND, Atala, 1801.

QUESTIONS

1. Le texte décrit un rite de la religion catholique, le sacrement des mourants. Reconstituez-en les différentes étapes. Par quelle mise en scène l'auteur en accentue-t-il le côté dramatique ?

2. Quels indices du texte prouvent que la scène est décrite du point de vue de Chactas ? Que révèle la question naïve de l'Indien sur sa conception du rôle du prêtre ?

3. Rapprochez la calme mort d'Atala de la tranquille résolution d'Iphigénie (V, 2) : de quelle espérance le renoncement à la vie se nourrit-il dans les deux cas ?

GAUTIER • *SPIRITE* • 1865

L'amour par-delà la mort

Lavinia s'est éprise de Guy de Malivert ; mais celui-ci n'en sait rien, et la jeune fille se refuse à lui en faire l'aveu. De désespoir, elle se fait religieuse, mais fait le vœu de pouvoir après sa mort révéler son amour à Guy. Elle meurt peu de temps après ; son esprit, Spirite, *alors libéré des entraves corporelles, entre en communication avec l'amant pour lui raconter son histoire tragique.*

Je voyais s'approcher le terme fatal sans frayeur ; j'espérais que Dieu me pardonnerait un amour unique, si chaste, si pur, si involontaire, et que je m'étais efforcée d'oublier dès qu'il avait paru coupable à mes yeux, et voudrait bien me recevoir en sa grâce. Je fus bientôt si faible qu'il m'arrivait de m'évanouir dans mes prosternations et de rester étendue comme morte sous mon voile, la face contre le plancher ; on respectait mon immobilité, qu'on prenait pour de l'extase ; puis, voyant que je ne me relevais pas, deux religieuses se penchaient vers moi, me redressaient comme un corps inerte, et, les mains sous mes aisselles, me reconduisaient ou plutôt me rapportaient à ma cellule, que bientôt je ne dus plus quitter. Je restais de longues heures tout habillée sur mon lit, égrenant mon rosaire entre mes doigts amaigris, perdue dans quelque vague méditation et me demandant si mon vœu serait accompli après ma mort. Mes forces décroissaient visiblement, et ces remèdes qu'on apportait à mon mal pouvaient diminuer ma souffrance, mais non me guérir. Je ne le souhaitais pas d'ailleurs, car j'avais par-delà cette vie un espoir longtemps caressé, et dont la réalisation possible m'inspirait une sorte de curiosité d'outre-tombe.

Théophile GAUTIER, *Spirite*, 1865.

QUESTIONS

1. Les évanouissements de la religieuse sont pris pour de l'extase. Que révèle cette confusion ? Peut-on dire que la vie menée au couvent s'apparente à la mort ? Pourquoi ?

2. Avec quels sentiments la jeune fille attend-elle la mort ? Qu'en espère-t-elle ? De quelle façon Iphigénie entend-elle par sa mort favoriser l'avenir de son amant (V, 2) ? La démarche est-elle différente de celle de Lavinia ? Pourquoi ?

ANOUILH • *ANTIGONE* • 1942

La mort plutôt que le compromis

Pour punir le crime de Polynice, usurpateur du pouvoir et meurtrier, Créon, nouveau roi de Thèbes, refuse de lui accorder une sépulture. Mais, dans la nuit, Antigone a recouvert le corps de son frère comme l'exigeait la tradition, encourant ainsi la peine de mort.

ANTIGONE. Non. Je vous fais peur. C'est pour cela que vous essayez de me sauver. Ce serait tout de même plus commode de garder une petite Antigone vivante et muette dans ce palais. Vous êtes trop sensible pour faire un bon tyran, voilà tout. Mais vous allez tout de même me faire mourir tout à l'heure, vous le savez, et c'est pour cela que vous avez peur. C'est laid un homme qui a peur.

CRÉON, *sourdement*. Eh bien, oui, j'ai peur d'être obligé de te faire tuer si tu t'obstines. Et je ne le voudrais pas.

ANTIGONE. Moi, je ne suis pas obligée de faire ce que je ne voudrais pas ! Vous n'auriez pas voulu non plus, peut-être, refuser une tombe à mon frère ? Dites-le donc, que vous ne l'auriez pas voulu ?

CRÉON. Je te l'ai dit.

ANTIGONE. Et vous l'avez fait tout de même. Et maintenant, vous allez me faire tuer sans le vouloir. Et c'est cela, être roi !

CRÉON. Oui, c'est cela !

ANTIGONE. Pauvre Créon ! Avec mes ongles cassés et pleins de terre et les bleus que tes gardes m'ont faits aux bras, avec ma peur qui me tord le ventre, moi je suis reine.

Jean ANOUILH, *Antigone*, éd. de La Table Ronde, 1946.

1. Lequel des deux personnages est en position dominante au cours du dialogue ? En quoi est-ce contradictoire avec la situation réelle ?

2. À quel aveu humiliant Antigone réduit-elle Créon ? Quelle image du pouvoir celui-ci offre-t-il ? En quoi sa faiblesse est-elle semblable à celle d'Agamemnon ?

3. Quels tons successifs Antigone fait-elle entendre ? Comment Créon réagit-il ? En quoi son désarroi est-il pathétique ?

4. Pourquoi Antigone refuse-t-elle d'être sauvée ? Que signifie pour elle la mort ? Expliquez cette parole : *« moi, je suis reine »*.

Achille : roi des Myrmidons, fils de la nymphe Thétis et du roi Pélée. Sa mère le trempa dans les eaux du Styx pour le rendre invulnérable, mais le talon par lequel elle le tenait échappa à la protection. Il mourut pendant la guerre de Troie, d'une flèche de Pâris qu'il reçut au talon.

Agamemnon : roi de Mycènes et d'Argos, fils d'Atrée et frère de Ménélas. Il fut élu chef des Grecs et conduisit l'expédition contre Troie. À son retour, il fut assassiné par Clytemnestre et par son amant Égisthe.

Argos : ville du Péloponnèse, proche de Mycènes. ☞ carte p. 146

Atrée : roi de Mycènes qui donna son nom à la dynastie des Atrides (☞ p. 146). Pour se venger de la liaison que son frère Thyeste avait eue avec sa femme, il lui fit manger ses propres enfants.

Calchas : devin des Grecs. Il prédit la mort d'Achille devant Troie, et ordonna au nom des dieux, à Aulis, le sacrifice d'Iphigénie.

Clytemnestre : fille de Tyndare et de Léda. Elle épousa Agamemnon, dont elle eut Électre, Iphigénie et Oreste. En l'absence de son mari, parti en guerre contre Troie, elle noua une liaison avec Égisthe. Les amants assassinèrent le roi à son retour, et furent eux-mêmes tués par Oreste sept ans plus tard.

Diane : nom romain d'Artémis, la déesse de la chasse.

Hélène : fille de Léda et de Zeus, elle fut célèbre pour sa beauté. Elle fut enlevée par Thésée, puis, rendue à Tyndare, son père putatif, elle épousa Ménélas. Son enlèvement par Pâris fut cause de la guerre de Troie.

Iphigénie : fille d'Agamemnon et de Clytemnestre. Elle devait être sacrifiée à Artémis par son père, à la veille de l'embarquement pour Troie. Artémis lui substitua une biche et la transporta en Tauride, où elle devint prêtresse de la déesse.

Ménélas : roi de Sparte, frère d'Agamemnon. Il fit appel aux chefs grecs contre le Troyen Pâris, séducteur de son épouse Hélène, et fut ainsi à l'origine de l'expédition contre Troie.

Mycènes : ville du Péloponnèse dont Agamemnon était roi. ☞ carte p. 146.

Oreste : frère d'Iphigénie. Il vengea le meurtre de son père en tuant Clytemnestre et son amant Égisthe.

Patrocle : ami d'Achille. Il trouva la mort durant la guerre de Troie.

Pélée : simple mortel que les dieux unirent à la nymphe Thétis ; de cette union naquit Achille.

Priam : roi de Troie.

Thésée : roi d'Athènes, fils d'Égée. Avant son voyage au royaume de Hadès, il enleva Hélène, alors enfant.

Thétis : nymphe des eaux qui s'unit à Pélée. Elle tenta de rendre invulnérable son fils Achille, en le plongeant dans le Styx.

Thyeste : frère d'Atrée, qui fut dépossédé du pouvoir.

Troie : ville prospère d'Asie mineure. Après le siège qui dura dix ans, elle fut détruite entièrement par les Grecs.

Tyndare : roi de Sparte, père de Clytemnestre. Père humain d'Hélène.

Ulysse : roi d'Ithaque. Après avoir été le prétendant d'Hélène, il épousa Pénélope, dont il eut un fils, Télémaque. Après la chute de Troie, il erra à travers la Méditerranée pendant dix ans, avant de regagner Ithaque ; ce long voyage est le sujet de l'*Odyssée*.

Amant : désigne à la fois celui qui aime et qui est aimé, le fiancé, et celui qui aime sans retour, le prétendant.

Douleur : irritation, ressentiment. À l'origine, a le double sens de souffrance physique et morale.

Étonner : causer une violente commotion par surprise, admiration ou crainte. À l'origine, frapper comme un coup de tonnerre.

Fatal : fixé par le destin, qui arrive nécessairement ; qui cause la mort.

Flamme : métaphore lexicalisée empruntée au langage galant et désignant la passion amoureuse.

Foi : la parole donnée, la promesse ; la fidélité. Dans le langage galant, désigne l'amour. « Faire foi » signifie *apporter la preuve de*.

Funeste : qui cause la mort ou qui en menace. Par extension, ce qui concerne la mort, funèbre.

Fureur : état d'agitation extrême de l'individu en proie à un sentiment intense de haine ou de désespoir ; se traduit chez le personnage par de violentes prises à partie et par une expression oublieuse des règles de civilité.

Horreur : effroi causé par la vue ou la pensée d'une chose affreuse. À l'origine, désigne le hérissement des cheveux sur la tête. La « sainte horreur » est le respect mêlé de crainte

qu'inspire la religion, sans idée de dégoût.

Hymen : mariage. Hymen est chez les Grecs le dieu du mariage. « Allumer les flambeaux de l'hymen » est une métaphore précieuse signifiant *se marier*.

Injurieux : injuste, mais avec l'idée d'offense, de tort causé.

Pompe : cérémonie, et plus particulièrement le cortège triomphal, nuptial ou funèbre.

Sang : famille, descendance, mais aussi sentiment d'appartenance à la famille. Renvoie à la double idée de la vie transmise et de la violence du sang versé.

Soin : souci, inquiétude ; dans le vocabulaire galant, désigne, au pluriel, les marques d'affection envers la personne aimée. Effort pour éviter ou obtenir une chose, précaution.

Superbe : orgueilleux, avec l'idée défavorable de la vanité ou de l'arrogance.

Transport : émotion violente, agréable ou désagréable, causée par l'amour, l'ambition, le désespoir ou la colère.

Triste : d'humeur sombre et irritable en parlant des personnes, de mauvais augure en parlant des choses ; malheureux, frappé par l'infortune.

Anaphore : répétition d'un mot ou d'une expression au début de plusieurs vers qui se suivent.

Aparté : courte réplique prononcée par un personnage qui ne doit pas être entendu par ses interlocuteurs.

Chiasme : croisement, sur deux vers, de termes identiques selon la syntaxe ou le sens.

Coup de théâtre : événement imprévu qui modifie le cours de l'action.

Dénouement : partie de la pièce qui résout le conflit et fixe le sort de tous les personnages.

Deus ex machina : intervention d'un personnage qui apporte un dénouement favorable à une situation sans issue. L'expression latine signifie : « un dieu (descendu) au moyen d'une machine ».

Didascalie : toute indication de mise en scène qui permet de se représenter les gestes, tons, attitudes des personnages ou les circonstances de l'action.

Dilemme : situation dans laquelle on est obligé de choisir entre deux possibilités qui s'excluent l'une l'autre.

Emphase : caractérise une expression d'une solennité excessive.

Enjambement : la phrase, inachevée en fin de vers, se poursuit sur le vers suivant.

Épique : ton qui donne à un événement un tour héroïque.

Exposition : partie de la pièce qui fait connaître tous les faits nécessaires à la compréhension de la situation initiale.

Galant : ton qui marque dans l'expression des sentiments d'un homme pour une femme la vivacité et l'empressement.

Hémistiche : chacun des demi-vers délimités par la césure (coupe).

Héros : dans la mythologie grecque, un demi-dieu. Au xviiᵉ s., le mot désigne tout homme qui se distingue par son courage et par ses exploits à la guerre.

Hyperbole : figure de style qui consiste à présenter les choses sous l'aspect d'une grandeur ou d'une petitesse excessives.

Hypotypose : dans un récit, peinture si précise et si vive qu'elle semble mettre sous les yeux la réalité décrite.

Ironie : figure de style qui consiste à dire, par raillerie, le contraire de ce que l'on pense ou de ce que l'on veut faire penser.

Ironie tragique : situation dans laquelle l'individu, alors qu'il croit agir au mieux de ses intérêts, cause son propre malheur.

Litote : expression atténuée qui dit le moins pour laisser entendre le plus.

Monologue : tirade prononcée par un personnage seul ou qui se croit seul, ou bien par un personnage écouté par d'autres, mais qui ne craint pas d'être entendu par eux.

Pathétique : ton propre à susciter l'émotion, la pitié.

Période : phrase complexe et longue qui obéit à une exigence d'harmonie et de rythme. Le **style périodique** s'oppose au **style coupé** (juxtaposition de phrases simples et brèves).

Péripétie : événement imprévu, qui modifie la situation psychologique des héros, et qui est susceptible de faire avancer l'intrigue.

Persuasion : agit sur l'interlocuteur afin de l'amener au point de vue du locuteur.

Préciosité : courant littéraire du XVIIᵉ s. Les précieux cultivaient le raffinement dans l'expression.

Protagoniste : personnage principal dans une pièce de théâtre.

Réticence : interruption brusque, traduisant une émotion, une hésitation, une menace.

Rhétorique : ensemble des moyens d'expression propres à persuader.

Stichomythie : succession de courtes répliques de même longueur.

Lire, entendre...

BIBLIOGRAPHIE

● **Sur l'œuvre de Racine**
Théâtre complet de Racine, édition de J.-P. Collinet, Coll. Folio, Gallimard, 1983.

● **Sur Racine et *Iphigénie***
Roland BARTHES, *Sur Racine*, Le Seuil, 1963.
Jean-Michel GLICKSOHN, *Iphigénie : De la Grèce antique à l'Europe des Lumières*, P.U.F., 1985.
Lucien GOLDMANN, *Le Dieu caché*, Gallimard, 1956.
Jacques MOREL, *Racine en toutes lettres*, Bordas, 1992.
Jean ROHOU, *Racine*, Fayard, 1992.

● **Sur le XVIIᵉ siècle**
Paul BENICHOU, *Morales du Grand Siècle*, Gallimard, 1948.
Emmanuel BURY, *Le Classicisme*, Nathan, 1993.
Jacques SCHERER, *La Dramaturgie classique en France*, Nizet, 1950.

DISCOGRAPHIE

Christoph Willibald GLÜCK, *Iphigénie en Aulide*, opéra d'après le livret du bailli LE BLANC DU ROULLET, Paris, 1774.
Nicolo PORPORA, *Ifigenia in Aulide*, opéra d'après le livret de Paolo ROLLI, Londres, 1735.
Domenico SCARLATTI, *Ifigenia in Aulide*, opéra d'après le livret de Carlo Sigismondo CAPECI, Rome, 1713.

Pour mieux exploiter les questionnaires

Ce tableau fournit la liste des rubriques utilisées dans les questionnaires, avec les renvois aux pages correspondantes, de façon à permettre des **études d'ensemble** sur tel ou tel de ces aspects (par exemple dans le cadre de la lecture suivie).

RUBRIQUES	*Pages*				
	ACTE I	**ACTE II**	**ACTE III**	**ACTE IV**	**ACTE V**
ACTION	48	71	92	116	134, 135
CARACTÈRES	33, 39, 43	55, 66	79, 91	96, 104, 115	123
DRAMATURGIE	33, 47, 48	59, 70, 71	75, 84, 92	115, 116	123, 128, 133, 134, 136
GENRE		55, 59	79, 84	96, 109	123, 128, 133
MISE EN SCÈNE	33, 39, 43	55	84	109, 115	128
PERSONNAGES	48	71	92	116	134, 135
QUI PARLE ? QUI VOIT ?	39	59, 66	75, 91		
STRATÉGIES	39, 43, 47	59, 66	75, 84, 91	96, 104, 109	123, 128
STYLE	33, 43	55, 70	75, 79, 91		133
THÈMES	39, 43, 47	55, 70	91	96, 109	
TONS	47	66, 70	79, 84	96, 104, 115	

Les photographies de cette édition
sont tirées des mises en scène suivantes :

Mise en scène de la Comédie-Française, 1938. – Mise en scène
du Théâtre de l'Athénée, 1962. – Mise en scène de Jacques Destoop,
Comédie-Française, 1974. – Mise en scène de Silvia Monfort, Carré
Silvia-Monfort, 1987. – Mise en scène de Yannis Kokkos, Comédie-
Française, 1991.

Références des photographies :

p. 4 : Ph. © Collection Roger-Viollet. – *p. 9* : Ph. © Bernand. – *p. 10* :
2 ph. © Marc Enguerand. – *p. 11* : Ph. © Harlingue/Viollet. – *p. 12* :
Ph. © Courrault/Enguerand. – *p. 13 : (en haut)* Ph. © Alinari/Anderson-
Giraudon ; *(en bas)* Ph. © Marc Enguerand. – *p. 14* : Ph. © Giraudon. –
p. 15 : Ph. © RMN/G. Blot. – *p. 16* : Ph. © Marc Enguerand. – *p. 37 :
(en haut)* Ph. © Despatin/Gobeli ; *(en bas)* Ph. © Claude Angelini. – *p. 52* :
Ph. © Lipnitzki/Viollet. – *p. 82 : (en haut)* Ph. © Alain Hermann ; *(en bas)*
Ph. © Courrault/Enguerand. – *p. 111 et 120* : 2 ph. © Bernand. – *p. 150* :
Ph. © RMN.

Couverture : Valérie Dréville (IPHIGÉNIE) et Michel Favory (AGAMEM-
NON) dans la mise en scène de Yannis Kokkos, Comédie-Française, 1991
(Ph. © Enguerand).

Conception de la maquette intérieure : Atelier Gérard Finel.

Conception et réalisation des pages 18-19 : Norbert Journo / Syllepse.

Iconographie : Monique Letang.

Composition, mise en page, photogravure P.F.C., 39105 Dôle
Dépôt légal : mai 1996 – Imprimerie Hérissey, 27000 Évreux
N° d'imprimeur : 72516 – Achevé d'imprimer en avril 1996